# THE PHILOSOPHY OF LIFE

# 生命的哲學

張之嵐——著

# 自 序

什麼是生命？

「生」是生物的生存

「命」是生存的過程

「生命」就是生物在生存的整個過程。

自古以來對於「生命」有著太多的描述

對於「生命」

其實

它是研究一切生物生命現象的一門大學問。

但如果縮小範圍來說

凡是跟生命相關的一切學問

都可以列入生命學識的範圍。

我想特地說明的是：

生命的問題並不是只有動物才有

植物同樣是有生命的，

甚至於微生物、細菌與病毒等等

它們同樣都有屬於自己的生命形式與方式

我們不可以小看它們或忽略它們。

其實

可能很多人都忘記了

幾乎地球上所有的生物

它們最後都會死在這些微生物與細菌的手上

☆　☆　☆　☆　☆

至於「哲學」

自古以來對於「哲學」的定義有千言萬語

而其中我認為

英國的哲學家羅素 (William Russell, 1872-1970)

曾說過一句話非常可貴的話，他說：

「哲學是介於神學與科學之間的一門學問。」

這個說法非常的貼切

也最接近我個人的思維與認知。

有一句話問說：

「科學道路的終點是什麼？」

而答案卻是：「神學」。

這個宇宙奇妙得完全不可思議

科學已經「完全不能」解釋這一切

所以

適當的把「神學」列入思考的範圍

應該是可以理解，

而且也是極為明智的。

為什麼

詩詞歌賦都是屬於文學的？

為什麼

科學寫不進詩詞裡面呢？

事實上

真正的「真」、「善」、「美」的是「科學」

它也是真正震撼人心的

尤其是近代的科學。

每當深入探討這個宇宙、大自然的時候

總會感覺到

那屬於造物者全然不可思議的智慧

在小小花朵中的花粉

從來沒有人去注意

但在高倍率的放大鏡之下

我們卻發現那花粉中

它的結構竟然會是如此的精密與細緻

而色彩卻是如此的繽紛與華麗

是誰？又是如何創造的？

一個小小的原子結構

就讓全世界的科學家

都感覺到神秘莫測而且不可思議

人體有 60 兆個細胞

而且都能各定其位、各司其職

其難以想像的程度

又豈止是

遠遠的超過「不可思議」這四個字可以解釋的。

☆　☆　☆　☆　☆

有科學家說：這宇宙的產生是隨機的

而人類的出現也是隨機的。

但我想問的是：

單就我們的身體結構而言

如果這一切都是隨機產生的話

為什麼我們的眼睛不會隨機的長在手掌上？

而我們的舌頭為什麼不會隨機的長在手背上？

而我們的身體的每一個細胞

都能夠長在最完美與最適當的地方

這怎麼可能是隨機

因而

這一切唯一的答案

祇能說是「創生」的

而除此之外沒有任何一切的可能。

當一隻螞蟻

看到人類走過的時候

它會用它自己的想法去度量人類的智慧。

同樣的

人類也在用自己的想法在度量著創生者的智慧

當科學越是深入的研究

我們就越是感覺到

那屬於「神聖」的智慧

遠遠的超過人類可以思維的範圍太多太多了。

當然「科學」不是一切

事實上，人類的科學

尤其是對於「唯物」的思維應該要改變了。

人類一直是

以「物質」的現象來衡量宇宙中一切的行為

但是

這樣的時代會過去的

科學應該帶領人類

真實的進入到另一個更高的層級

那就是「靈性」的時代。

☆　☆　☆　☆　☆

人類的醫學到現在都認為

「物質大腦」是人類產生「意識」的地方

其實

這樣的想法與說法可能是錯誤的。

我們都認為人類的「意識」

當然是在靠「物質大腦」的運作之下而產生的。

也就是說，

由於有了「物質大腦」

才會產生我們的「意識」或「精神力量」。

但是

在「量子物理」的出現後

我們許多傳統的物理觀念可能都要改變了。

已知的物理定律

已不足以解釋人類的行為「意識」的現象

相反的

真正的事實則是

是人類的「意識」在運作着「物質大腦」

我們是先有了「意識」

然後才會用「大腦」去思考相關的一切。

正因為是「意識」在運作着「物質大腦」

所以

我們的「意識」

是可能超越「物質大腦」的存在而存在。

在宇宙中

並不是只有「物質」佔有位置空間

也絕對不是

佔有位置與空間的物質才是屬於存在的。

☆　☆　☆　☆　☆

「電子」的存在是大家所共知的

它也是構成整個宇宙與星體的最根本

然而

「電子」卻是沒有體積的，它也不佔有空間

一個沒有體積的也不佔有空間的「東西」

但是

它卻真真實實的存在著並構成了整個宇宙

你能說它不存在嗎？

所以

我們不能用物質的存在現象

來思考宇宙中的一切萬象。

事實上

「意識」在宇宙中同樣的佔有一席的地位。

正如「電子」一般

它不佔有空間，也不具有體積

但它卻是真實的存在著。

在這個世界上

沒有人可以真正的描述「電子」的真貌

因為

它的行為正如「幽靈」一般的詭異。

量子力學的鼻祖諾貝爾物理學獎費曼

（Richard Phillips Feynman. 1918-1988）

是十大有史以來最偉大物理學家之一

他在 1964 年的 11 月於康奈爾大学講演

"The Character of Physical Law（物理定律的本性）" 中

說出了下面這樣一番話：

「我想我可以有把握地說，沒有人真正理解量子力學」

這並不是說要解開量子力學的數學有多麼的困難

而是說基本粒子的行為

有許多是超越了人類的思考

也是人類完全無法思考的

它簡直有如「靈魂」一般的不可思議

有的時候，以的觀念來看「靈魂」

它其實就是一種「量子訊息」，

人類目前

並不具備有解釋「量子」行為的能力

而「靈魂」

也不存在於任何已知的科學解釋。

事實上

「靈魂」與「意識」可能是同體的

雖然已知的科學無法判斷「靈魂」的存在

但同樣的

科學也不能解釋「意識」究竟是什麼？

我們不能夠以科學不能解釋的事情

就認為它不存在，那才是不科學。

☆　☆　☆　☆　☆

至於在宇宙的空間上

絕不是只有「物質空間」的存在

其實，

還另外存在著有「意識空間」。

並且

這兩種空間是同時並存的。

當我們「意識」不存在的時候

「物質空間」的存在則未必是有意義。

一個東西的存在與否

並不完全取決於自身的認定

客觀的條件則是非常重要而且是不容抹殺的。

當一個人去世時候

「物質空間」對他就不再有意義。

而他的「意識」則會存在於「意識空間」

也正由於如此，所以

我們無法在「物質空間」中

去接觸到「意識空間」的真正原因。

人類的「意識」是偉大的。

也因此，我正在嘗試

希望能夠把真正宏偉的「意識科學」

也寫入了詩篇之中。

讓大家不是只有欣賞傳統的文字學的文字作品而已

更希望

可以感受到科學就近在我們的身邊。

事實上

「科學」才是我們人類真正的知己

總想，大膽而長長的呼出

那屬於自己的一口氣。

深入的思維是令人嚮往的

也是自我內在的啟發與創造力的成果

不再是單純的需求

而是相反的

是多方面廣泛的思維與耕耘後的豐收。
那代表的是
對於自我認知的超越與喜悅
也是心靈深處
最渴望的與嚮往的真實思維。

2023 年立春


☆特別要感謝我內人全方位的協助，以及
張蓉蓉女士對於的校稿與多方面的指正。
謝謝！

# 目錄

# 生命是甚麼？

生命

是一種從不間斷的熱切「期盼」

但每日都在眺望著未來。

總想

生命真實的意義與出路。

然而

在久居煙塵市塵的歲月裡

我

竟然沒能體會

生命

不在於竭盡心智的博覽群籍

也不在於

自我意識中的泛靈與映照

更不在於

英雄與豪傑似的氣壯山河。

事實上

生命的意義不在於外求的任何辭彙

而真正的定義

就在於：

「自我生命的認知與深心的內涵」。

我們的生命是生活每一刻之中，因此並不在於最終的結果，而是生命的每一個過程

元亨

願每天都如小詩一般
的愉悅，並保有一顆
永遠美善的心

之嵐

23

# 生命之讚頌

不要用

哀傷的眼神到處說

人生只不過是一場春夢。

其實

生命的真實與外貌

絕不是外在的實體與眼相.

雖然

我們原本就是來自塵土

也必將回到大地的紅塵萬丈

但無論如何，我們必竟是真實的來過

雖則

時光難留而易逝

但在無限與無垠的世界裏

但願不要像一隻

瘖啞而被驅趕的牛

至少要有

自我生命內涵的自知與自如。

成功就是對於自我期許
的一種肯定，它不在乎
別人的掌聲，也能淡
然孤寂

元

# 醒悟的智慧

許多人會把容貌視同為生命

因為

那是外在被看到自己的唯一形象。

然而

當一個人

不再刻意雕刻自己的容貌

而

在意「時光」不捨的時候

那就是

他對於自己的自信心

真正回來而醒悟的時候。

當「智慧」

超越了漫長的歲月痕跡

它那才是

一切真正的萬物之靈。

使得

自己灑脫的成熟起來

其實

我們的心是在體外，而不認識自己的體內。

「成熟」

才是真正品嚐自己的時候

讓

身心的舒逸奔放，也才開始懂得

甚麼才是真正的生命智慧。

塵世

是如此的短暫..

生命則像

是

一首唱不完的歌

一篇寫不完的詩

一場做不完的夢

總在

年輕的時候收集著……

而到了

幡然知覺的時後

則又開始一件一件的拋棄.

生命是個圓

畢竟一定又會回到了原點。

化身紅塵一世

直到

腳步開始不再俐落

才想為浮生揮灑一世留下一首詩

寫出一句話.

讓自己

能在這宇宙的時空裏

漂浮出那片片屬於心的紙張

也讓自己在深深的沉睡之後

再次的

回到屬於這一切的大地。

# 生命的意識

「意識」是生命的一切源頭
沒有「意識」的生命是沒有意義的。
「意識」
本身不是物質，也不是能量
更不是我們所知道的任何物質或形體
在宇宙中
一般的事物都必須要有「載體(Carrier)」
才能傳送訊息。例如，
音樂必須以空氣為載體，我們才能聽得到聲音。
「光」是各式各樣顏色的載體，
我們才能看到五顏六色。
就人類而言
「意識」是以我們的人體作為「載體(Carrier)」
而表現出所有一切的行為與現象。
所以
當人體失去了他的「意識」之後
同樣的也就失去了他個別的生命意義。

☆　☆　☆　☆　☆

「意識」它不是思想，也不是智慧

但它卻在「思想」與「智慧」之上

它可以把我們的思想包含在裡面

也就是說，

「意識」甚至可能比我們的思想還來得廣泛

有些時候當我們沒有感覺，沒有思想

也就是「失智」的時候

「意識」卻讓我們的心臟繼續的跳動著。

究竟「意識」是存在於人體的那一個部分

幾千年的爭論

結論仍然是「不知」。

它是人類生活中最熟悉，卻又也是最神秘的事物

它可以描述一個人的「內在自我」

卻也包括了某種外在的認知與自我知覺。

但無論如何我們都必須承認

「意識」

是遍及我們全身的每一個細胞裡面

事實上

當我們出生的時候「意識」就與「生命」同在
當微風輕輕的拂過我們身體
我們的感覺是清風的輕微撫摸
每一個空氣的分子的微小
但我們卻感覺到了。
☆　☆　☆　☆　☆
「感受」是以自我為起點
「意識」卻把這種感受加以放大
成為我們整體的一種知覺。
「意識」是一種「純」自我的現象
不要認為這是非常自私的。
有些人很慷慨激昂的說
我可以把身外的一切都送給別人
只要別人需要，我都可以給他
甚至於我的身體，當別人需要的時候
就可以把我的器官捐贈給他們。
事實上，
這也是一種說大話的行為，
我只要問一句話，他就會啞口無言，那就：

你可以把你的「意識」給別人嗎？

請記住「意識」是包含了身心。

☆　☆　☆　☆　☆

我們的確不知道「意識」它究竟是什麼？

甚至與連概念都沒有。

「意識」

是不是可以離開身體而存在？

或是

它是人類所不知的一種宇宙「場力（Field)」？

正如星際中各星球中雖遠

但卻又可以相互的牽引一般。

有人說：

人在死亡之後「意識」仍然會存在。

但證據呢？

「能量不滅定律」是已知宇宙的鐵律

如果人在去世之後

「意識」還可以存在

那麼

維持這個「意識」所需要的能量

它能從哪裡來？

而如果說「意識」的存在不需要「能量」

這也是許多人常說的模式

如果

它真的不需要能量，那它又能用什麼方式存在？

☆　　　　　☆　☆　☆　☆

各位一定知道

這是一個「能量」的宇宙

宇宙中的一切都需要有「能量」才能存在

「電子」

是構成宇宙一切物質的最基本的「物件」

它本身沒有體積，

也就是說它的大小是「零」

這樣偉大而又不可思議的「物件」

它仍然需要有「能量」來維持它自身的動能

宇宙中所有的一切

都一定要有它自身的「動能」才能存在

所以

宇宙中不存在靜止或永恆的事物

# 生命

是宇宙中的奇蹟

事實上，更深入的說

「生命」才是宇宙中最不可思議的神蹟。

「意識」與「靈魂」是不相同的

「意識」是代表一個人的意向與識別

它可以牽動人體的精神與肉體

「靈魂」

人類從來都不知道它究竟是什麼？

它人的形體嗎？

如果是有的話，那又是什麼時候的形體呢？

它有性別之分嗎？

它可以不受萬有引力的控制而漂浮嗎？

宇宙中有這種事情嗎？

而我始終思考的是

它可以真正的代表一個完整的人的一切嗎？

此身難得，此生難再

也許我們應該好好喜悅的活在「現在」

這才是生命的真實意識。

無礙並不是沒有阻

礙，而是一種心靈的流

暢，痛苦是來自於

我們的心，而非困難

的本身。

# 生命的心

常聽到年輕的人會問：
「生命的意義究竟是什麼？」
其實
這個問題的本身就是它的答案。
所謂：「生命」就是
能夠「生」而又必須運「命」。
生命不是為了「目的」而活的
那種想法是本末倒置了。
許多人不明白這個道理
一輩子
都在追求自己心中那唯一的想法
生命中的
「想法」與「目的」是完全不同的。
否則
其結果不是鏡花水月
就是勞碌終生，身心俱疲。
而等到回過頭來看時
才恍然大悟的驚呼

怎麼這麼快就過去了。

幼兒時的想法

少年時的妄念

中年時的意願

壯年時的志願

老年時的心願

這一切都永遠回不來了。

直到最後的激悟

才會明白自己「生命」的真諦

才能知道自己的方向

也才會知道尋遍全世界

這一切

終究都要回到自己的身上來。

那麼先不要急著到處去追尋

懂得什麼是自己？

才能看清楚這萬丈紅塵裡

哪裡

才有你自己真正的心

這才是

真正屬於「生命的心」。

# 揮灑

許久

已經沒有整理過沉積的心情

應該多給

自己一點沉思的時刻

不要總是把生命

浮現在糾結的泡沫之中

而忘記了內心的舞台

卻始終來不及開幕。

旋轉的木馬

是尚未修持過的身心無奈。

畢竟

我們還有許多的道路

而不需要

一心想成為那旋轉木馬上的騎士

與

那站立者的低階掌聲。

生命

雖是孤獨但不孤寂

唯一

像你的人就是你自己

何必在乎甚麼？

當讓

充滿的生命盡情的揮灑。

# 無常

在生活的日子裡
總是會遇上一些「無常」的事物
無常
似乎也有著它不可思議的韻律。
在心理上
總期望於相應於不昧
其實
也不妨深深的吸一口氣
再大聲的呵出來
與其總想要躲避甚麼心中的疑慮與畏懼
倒不如
隨著無常的旋律一起相共起舞。
而當心中
逐漸的超越而不再有徬徨的時候
就讓我放開心中的雙腳
獨自的
滑向另一片
海闊天空的自在。

長雲疏影風沙盡月下江山萬里總推問白髮
朱顏似人理歲月那堪頻回首斜陽瀟洒十拳
金杯同飲歲月山河
碎河山

# 花月遊

落日映長空

煙波使人愁

胸懷千古事

送與江水流

長風千萬里

白雲不久留

人生花似月

誰與共遠遊

# 生命是如何？

「生命」是生活與生存

「命」維持生活與生存的機能。

「生命」這兩個字自古以來有著太多的描述

但都是文學上的

多是一些形容詞但卻摸不著邊的說法。

真正對於「生命」

在科學上給予較為確切的定義是源自於生物學

總體的說

生物學是研究一切生物生命現象的一門學問。

所以我們可以說人類整個生命現象的一切行為與表現

都是在生物學的研究範圍內。

說起來，這個範圍實在是太大了。

但如果縮小範圍來說

凡是跟生命相關的一切學問

都可以列入生物學的範圍。

生命的問題並不是只有動物才有

植物同樣是有生命的

甚至於微生物、細菌與病毒等等

它們同樣都有屬於自己的生命方式。

我們千萬不要小看它們。

我們人類最後大多都會死在它們的手上。

同樣的

自古以來對於「哲學」的定義有千言萬語

而其中我認為

英國的哲學家羅素 (William Russell, 1872-1970)

曾說過一句話非常可貴的話，他說：

「哲學是介於神學與科學之間的一門學問。」

這個說法也最接近我個人的思維與認知

正如有一句話問說：

「科學道路的終點是神學！」

這個宇宙奇妙得完全不可思議

科學甚至已經完全不能夠解釋這一切

所以

適當的把「神學」列入思考的範圍

應該是可以理解，

而且也是極為明智的。

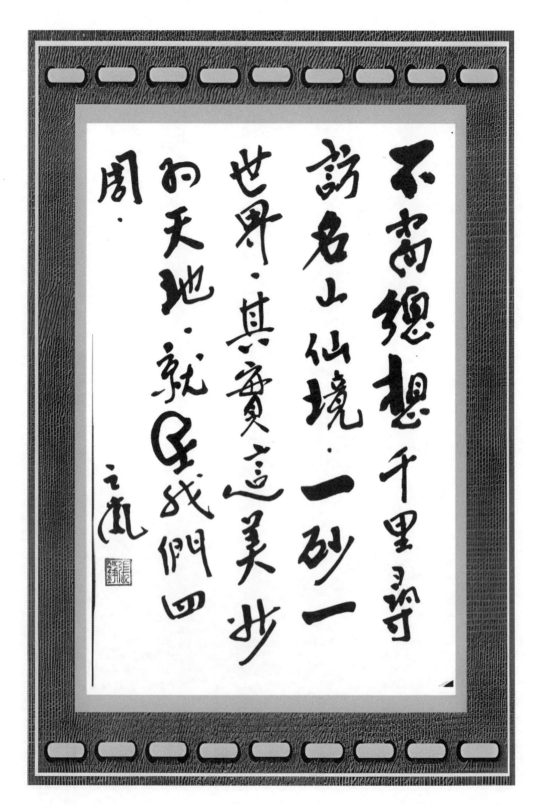

不需總想千里尋
訪名山仙境，一砂一
世界，其實這美妙
的天地，就在我們四
周。

# 人的本質

我們一直的
都很在意生命的亮麗
事實上
生命的亮麗與否
無關於生存與自我的本質。
騰出一些心靈空間
讓清風明月與情韻思懷
能夠在胸中進出往來。
而不要是
那永無止境的亮麗追求
在物慾上耗盡了元氣
到頭來
才豁然醒悟到
人的真實本質
是存在於自感的靈性認知之中
與無窮盡的思維
和
那深深自期的生命情蘊裏。

# 霧般人生

生命

很像是在霧中行走

遠遠望去

祇是想像與迷濛的一片

辨不出方向

更看不清吉凶

祇有

下定決心

放下憂懼與懷疑

一步一步穩定地向前走去

這時候

才就會發現

每走一步之後

就能把下一步路看得更清楚

不要觀望

把握方向，下定決心

"往前走"

則必然可以找到自己的方向。

# 長河的落葉

擁有太多東西的人
唯一缺乏的
就是忘了擁有自己。
從來也不知道
在呼吸之間是如此的甜美
尤其
是在超越了感知之後
逐漸的
流露出在生命底層的創作。
不需要
鑼鼓喧天的杖陣
也沒有來自周遭的掌聲
靜靜的
宛若一條幽靜的長河
在品味著內心細微的倒影。
隨著漂浮的落葉
把
時間的細語擁入懷中
並帶著輕快的舞步
滑過
曾經相與相共的珍惜。

# 時間是幻覺

我若說「時間」是個幻覺
那相信
絕大多數的人不會同意。
「時間」明明一分一秒的在走動著
怎麼會是個幻覺呢？
然而，
「時間」是個幻覺這一句話
卻是
愛因斯坦在「相對論」中所說的。
事實上
地球上一天的 24 小時
但在離開地球之後
就沒有任何意義了。
人類真的不確定「時間」的真相
沒有人可以確認它的存在
如果「時間」是流動的
人類從來測不到「時間」的流速
那麼它到底流動得有多快？
人類真的是一無所知
更不知它的來與去

也就是說

我們真的不知道它從何處來？

更不知道「時間」過去之後

它又去了哪裡？

在宇宙中

我們可以確認的是它在「時空」的不確定性

如果我們在宇宙中運動，

的確是可以達到

天上始一歲人間已百年或千年。

正確的說

我們每一個人的時間都可以不同

時間是個變數

也就是說它是可以任意伸縮變化的

那麼你說它是什麼？

時間的無影無蹤

你又能說它是什麼？

這一切都是現象

也都是真實的

但

它所顯現的卻是若如幻覺。

# 時間的切割

十億分之一秒

能夠發生甚麼事情？

就人類而言

那祇是遠遠、遠遠的…

超過感知之外的一個名詞而已。

但是，就電腦而言

這個短的時間

卻是必須非常精準的。

文學家的時空觀念

常僅止於文字上的框墎

是一種無法感知的認為。

然而

現代科學家們

卻一直的在進行

將「時間」做極盡細微的切割

以此完成未來更無限的成就。

也正因此

這個世界就在人們對時空的切割下

變得愈來愈不知所止

也愈來愈不相識。

# 萬年青

家裡的「萬年青」開花了
種了一輩子的萬年青
這是第一次看到了它的花開
問過很多的好友
大家都說從來沒有見過。
雖然天空中下著微雨中
而且
它還沒有全開
祇是最外層的花蕊展開了而已
我怕後來的大雨會摧毀了它
所以
還是把它拍攝下來了
希望能與大家共享。
這幾十年來
不論是在書房與客廳
都有它那生氣盎然與挺拔的模樣
更願
喜樂與長青
能與家人及所有的好友常年共享。

不必太在意別人的說辭，

祇要對自己負責，我們

都是時光洪流中的一粒

沙塵，誰能記得住誰

那又如何。

元氣

65

不要讓苦難把你給你倒

困境心，尋讓之困境

虞上給瘋丟脫落

嵐

[印章]

# 感性之心

放眼宇宙星河之中

無邊無際、浩瀚無垠.

可知道甚麼是宇宙中最大的神奇？

不是地球

也不是太陽

而是我們的生命本體.

「感性」

是我們人類的真靈

它也是宇宙中

唯一

不受物理戒律的非物質生命.

「心」是「感性」的表徵

若說甚麼是「我」

唯「心」可表

起一念之心則見天地

一念心消則不見一物.

願

好好珍惜那不可替代的心中歲月！

願

好好修持

那唯一是屬於自己的「靈」。

微風細雨

現象是變幻不已而存

星、時間是它的根，而

生命則是它的見証．

一切的足跡都見我們
自己生命的意志結果
祇要回頭看～自己的足
印～就知道自己是怎樣
的人生。

三毛

# 風中的心思

寫在風中的心思

總是飄的很遠、很遠…

一直的，

我都認為

存在著心中的園地

必然是可以尋獲

也是可以中老的天堂。

歲月

宛若一條清澈無比的長河

看不到水的絲毫流痕

但卻帶走了所有漂浮的落葉

終歸是要回到大海

而一切

也將不再有耳語輕聲

更不復記憶

那曾經有過的形體

與

那深情激盪過的生命。

宇宙的本質是粒子構
成的·而粒子所產生每
限的組合現象，造就
了宇宙無限的可能·
神的睿智不可思議

# 時間的面目

自有人類以來

聰慧的人們都認真的在想

「時間」究竟是什麼？

它的真面目又是如何？

總認為

時間祇有一個流向

而且是延綿不盡而又切不開的。

事實上，不然

時間的真面目是「自空」的

所謂「自空」是「自在與空虛」的意思

「自在」是可以無所不在

「空虛」是可以虛而不實

「時間」

可以適應宇宙中所有一切的事物

無論長短、方圓、遠近、古老與現代

而且它可以願意的伸縮長短遠近

這是「自在」

「時間」

的確是有一個開始
但它卻是可以切割的、是不連續的
而且也是斷滅的。
也就是
前一秒與後一秒
並不相連，也不相屬
蒲郎克時間常數定義了斷滅之值
它在科學上
也明確的告訴了我們
「今生」
是絕對接續不到來生的。
當然，也因此
也就沒有人可以說得出
他上輩子是什麼？
「時間」是沒有面目的
它可以是未來，也可以是過去
但是，就是沒有現在
因為，當你說「現在」的時候
它已經是就過去了。

人生貴能適意自
足悠然自得，且故又
不需羈宦千里，奴身
埋志，以換名爵

# 比較的心

我們究竟在用甚麼方法

在量測自己？

是用時間來計算嗎？

還是用年齡來與別人比較呢？

要不就是用美麗的面孔

或是粗壯的四肢？

當然

最常用的就是金錢了

從小我們就被「比較心」所圈套著

要我們區別與他人的差異性

比較我們

那內心之中所在意的高與低

其實

無所不在的「比較心」

將會限制住我們自己

而隱藏在比較心之下的需索

將會使我們的心

越來越失真

也越來越貧乏。

以喜悅的心過好每一天·
天·天堂不在未生前而
是就在此刻·

三龍

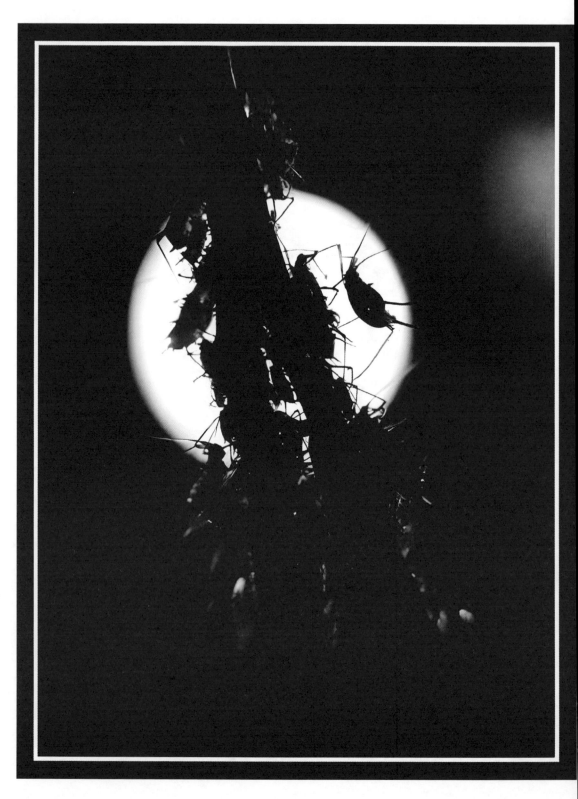

# 生命的意義

人生總要有目標

生命才有意義.

其實

這話祇說對了一半.

年輕的時候或是如此

及至年長

就需得把眼界提高得多.

因為

從來就沒有人能夠說得清楚

「人生」究竟有什麼意義.

事實上

每一個人都有他自己的定義.

考上了好大學

但

那不是成功

因為那才是另一個生命的剛開始而已。

生命的意義是無法定義的

因為

題目的本身

就是已經是它的答案了。

要懂得觀、覧之美、

不要忽忽地走過人生、

要把握住每一天的每一片

片刻、讚賞歲月的每

一個細節、

元氣

當思維超越內心中潛隱於名相的
時候，有名就不再有意義，而此
名則更能使我們歸向自然的質
樸與心靈的奔放

民國一○五年夏至

元凱

# 心的流暢

請不要單獨使用我們的肉眼
來看這個世界。
輕柔的風
是我夏日的最愛
如何能用看的？
母親喃喃的細語
深撫著無數童年心靈的屑影
如何可用看的？
眼睛的範圍畢竟太小
也太狹窄了
用盡全身每一個細胞
去感受這世界每一瞬間
才會真實一點。
靈的歸屬
要用生命去寫真
心形的自在
總在於
智慧上的流暢
與
那深自的清爽與痛快。

# 前世因緣？

生命中的「因緣」

是可期待的也是不可期待的。

有因才有緣

無因見面不相識。

「緣」不是期待或等待就可以得來的

「因」則是「創造」才會有。

我們可以期待今天會看到白雲

但

可曾見過

兩朵相同的白雲

可曾吹過

夏日海邊一樣的薰風

重點是

「生命」的機會只有一次

不可能期待他會重來

千萬要注意

要懂得「把握」而不要「錯失」

那才談得上有「因緣」的人生。

无妄之往得志也

没有虚妄的生命其
前程必能得遂其志也、

釋周易上經

元亨

許多人常會問：人生的目的究竟是什麼、其實、他們的問題的本身就是它的答案．

# 在意甚麼？

在活過久遠的日子以前
我常常很在意
別人是在怎麼看我。
而真的是
的確有許許多多的日子
是在活給別人看的。
要說，生命是為自己而活
是背離了社群的口號。
但是，在博覽歲月之後
漸漸地省悟了
過於在意別人的眼神
是一種虛妄的自覺。
能夠深自的修持靈格的衍化
展現屬於喜願的格局
那才是，真正而唯一的我
何必在意是誰？
或用那一隻眼睛？
在偷偷的看我！

# 原本就在

快樂不需外求
祇要我們拭去過分的妄念與妄動
自在
它原本就在
不需刻意的去山林頂峰修持
生命的本質
就是自我的「覺醒」
不需要
從他人的眼神中繪畫自己
也不必要
從他人的掌聲中肯定自己
更不需要放大別人來待看自己
我！
就是我！
宇宙縱使還有無限個億萬年
但是，卻再也不會有
相同如一的我。

# 紓解

在我們周圍的現象世界中
能被知覺到的
都是一切成型的事與物。
其實
「物質」的本體並不實在
它們只是因緣相合的「聚合體」
而人類
則更只是「基因」的形體
人們
總認為「物質科學」創造了繁華
但是
在繁華喧囂的背後
誰才是真正的「主人」？
在微微的燈光下
看到
那屬於內心中深層的自問。
而我感覺的是
那高高的站立於群寰之上的椰樹
迎著那萬里的長風
並紓解著
那心中萬般的自在。

我總認為，當生命來的時候，就盡量盛開活著，而當謝去的時候，就把這一切還給大地

# 想成功甚麼？

從小

老師就告訴我們

做人要有成就，做事要能成功。

似乎，人生一切的努力

都是為了要能「成功」。

但是

在努力的長大之後

我卻發現這個世界上並沒有「成功」這件事。

考上大學就是成功嗎？其實，那才是個初始

畢業後找到了工作就成功了嗎？那也才剛開始

事業開始賺錢了就是成功了嗎？那也未必。

其實，

「成功」才是事情真正的起點。

真正的「成功」是：

「對於自我期許的一種肯定。」

不需要那響亮的掌聲

與那羨慕的眼神。

# 歲月的從容

時光的影子漸行漸遠

也漸感兩不著邊

生命的真實

似是走過了山巔

卻不知

該如何回頭那童年的歡樂

還是走入那無際的遠風。

在最充實的日子裡

望見了虛空的悠忽

當如何從新詮釋

這一生的意義？

總在

不知覺之間又再一次的回頭了。

也許

應該忘掉所有人為的定義

真實的去體認

歲月在生命中的當下從容。

天地無由

天地化育萬物而無言，
包容萬物而不怒，成長
萬物而不以為功。

# 豔色的生命

有誰能說出白雲的影像？
有誰能繪出長風的圖騰？
有誰能形容流水的形體？
甚至
屹立如神的青翠山頭
都已變得白頭
然而
為甚麼我的心
卻還停滯不前呢？
我的肉體豐滿可見
但那卻不是我真正的生命
靈魂的耕耘
雖然辛苦但卻是感動的。
願用那看不見的生命之手
寫出豐富的內涵
繪出豔色的生命………

逆境的祝福

逆境中能虛心積慮·
日夜振奮，這才是最好的
成功起點、

元氣

只有輕風日

真的、而柁影

是假的

# 發憤與圖強

相信

每一個人都有過這種經驗

那就是生命在不理想的時候

就一定會講：

「我要發憤圖強」

但是我要問的是：

「該如何發憤圖強呢」？

有人說：

「我要早起晚睡，一直的努力拼命讀書」

但早起晚睡就是發憤圖強嗎？

那只是睡覺早晚的問題

24 小時不睡覺的人就一定是第一名嗎？

有學生說：

「我要全心全力的用功讀書」。

那麼我再要問：

「如何全心全力呢」？

一隻老牛在田裡辛苦的工作了一輩子

結論是：

牠還是一隻老牛。

# 心的形狀

「命運」如果要說是偶然
其實
更應該說是必然。
登山自然會有其山上的境遇
經商也會有它自行的往來
生命總操之於內在的自我
而不是
等閒的來自不可預期的自然。
「性格」
猶如是一棵多枝的大樹
而浮名則是它的影子。
想要知道心的形狀
就讓這棵大樹挺拔而自在的生長
而不必
刻意雕塑與在乎它的形體
與
它後面所遺留的影子。

不是思想，不是智慧，也不全是感情
其實
「心」是遍及我們全身每一個地方。
當
用手在觸摸的時候
我們的「心」在手指上
當
我們覺得晚風清涼，神清氣爽的時候
「心」
遍及了周身的每一個方寸.
「心」
究竟是甚麼？
是真？是實？是虛？是幻？
究竟那一顆才是我麼真「心」
其實
這每一方寸的「心」
都與當下的
我與「心」的「時空」同在。

# 富裕的心

能夠在微風下散步的腳
是富裕的．
能夠刷牙洗臉吃早餐的手
是富裕的．
能夠隨著喜愛而自在思想的的腦子
是富裕的．
當一個人擁有如此多的富裕
為甚麼他還一直的訴說著窮苦？
生命的存在
處處都充滿著是不可思議的富裕
善用富裕的生命
讓身體
隨著心靈而活動起來
才會是人世間的至善至美
懂得好好的使用
全身每一個地方的富裕
那才是
真正擁有最富裕的人生。

一時的成功未必就是英雄，因為沒有人能夠永遠不敗。失敗未必就沒有機會，因為我們未必永遠都處於下風

元氣

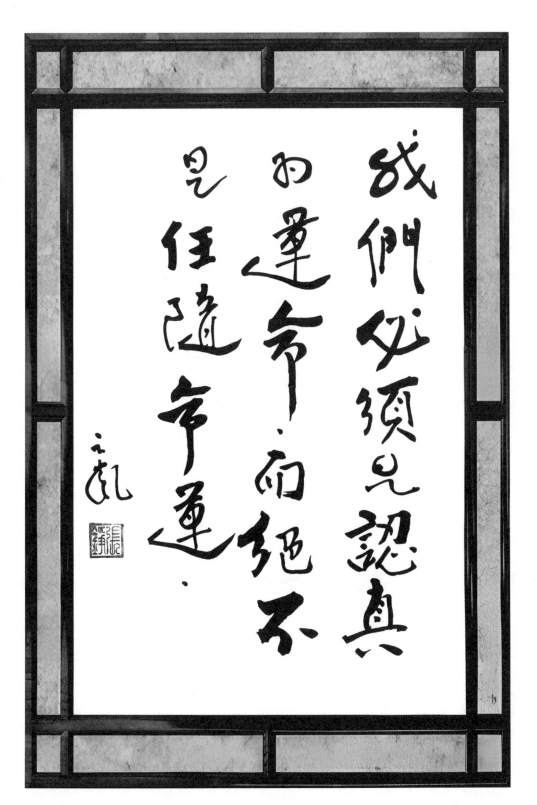

我們必須是認真的運命，而絕不是任隨命運。

# 心 網

有什麼可以把人

束縛一輩子而解不開的？

有什麼讓人痛苦一輩子

也脫離不了它的？

不是鐵鍊，也不是網繩

折磨我們一生的

卻不是那些身外之物

而是在我們內心最深處的「心網」。

它未必是實體的

實體的心只是一種臟器

而主導我們人生的「心網」卻是無形的

事實上

這個「心」字寫起來很簡單

但它卻是這世界上最複雜、也最難懂的東西。

但是

它卻實際的在主導着我們行為與思想的一切

「心網」其實並不是一面的

它是無形的，而且還是多面體

事實上

每一個人的內心中都一定有他自己的「心網」

有些是粗目的，而有些則是細緻的

仔細地說來

我們每一個人都是被自己的「心網」所束縛着

為什麼要讀書？

因為想要解開心中求知的網．

為什麼要信教？

因為想要解開我們生命之謎的網．

魚網破了可以補

那麼「心網」破了該如何呢？

實際上，我們應該要深深懂得

解鈴還需繫鈴人的道理。

不要去妄斷是與非

事情的本身未必一定有什麼對與錯的本體

是我們的「心網」

在判讀着這周圍所自我認知的一切

有些我們可以讓它輕易的穿透

而消失於無形

有些卻被我們牢牢的捉住

並深深地來回的折磨者自己。

這世界上的事情

絕對不是只有「對」與「錯」的這兩種選擇

事實上

要懂得「第三」個答案的妙用

世事不能總以「是」與「否」兩個極端來看

許多情況是有第三個答案的

它讓自己有更足夠的智慧

用真正的智慧來化解這個問題

讓自己的「心網」不再是銅牆鐵壁

而是讓那清風明月

能夠穿胸而過

舒坦的回歸大自然中最美好的一切

天堂不在高而不可攀的天上

真能夠解脫「心網」的人

他其實就在天堂裡。

民生的際遇中同樣的
行為並不等於會有相
同的結果，而且命的奧妙
正是民於它的多變性與創
造性，尤其是民那不可預
期的未來

亮

想飛是人類與生俱
來的本願，之所相對
兩個翅膀則是智慧
與心靈

123

# 風中的心思

寫在風中的心思
可以飄的很遠、很遠…
一直的，
我都認為
遠方那燦爛的園地
必然是可以依託的
也是可以中老的天堂.
歲月
宛若一條清澈無比的長河.
看不到水的絲毫流痕
但卻
帶走了所有漂浮的落葉.
終歸是要回到大海
而一切
也將不再有耳語輕聲
也不復記憶
那曾經有過的形體
與
那深情激盪過的生命。

# 時空幻影

「時間」與「空間」都是變異的

而且是虛幻的。

事實上

時間的過去、現在與未來

它們是整體在變異而不可區分的

「時間」

在是人類的科學史上研究的是最長久

也最生深入的

但是

我們仍然不知道它們究竟是從哪裡來的？

然後又去了哪？

在宇宙中完全找不到它們

人們常說：時光如流水一去不回頭

事實上

我們人類直到今天仍然不知道時間的流速？

這一天 24 小時是地球的自轉

離開地球則一點意義都沒有

「時光」的事情是如此

那麼「永恆」該怎麼辦呢？

白雲起孤冷松長風萬里我與同科月照窗影書

橫筆是劍心孤鐘歲月難總成空千年之后我是風

風雲子

民國一百年夏至工凡

印

# 萬世幻化

這世界
並沒有千秋的事
更沒有萬世的功名。
費心的競賽、酷烈的爭奪
最後
都是「時間」贏走了一切.
而我們
卻未必會到達終點。
一切都會改變
而時間的手
在輕微的掃過之後
總使萬象成空。
把「心」放開來
讓它無限的延展空透
也把自己
依戀在山川大地、細雨長風
而
與之萬世幻化。

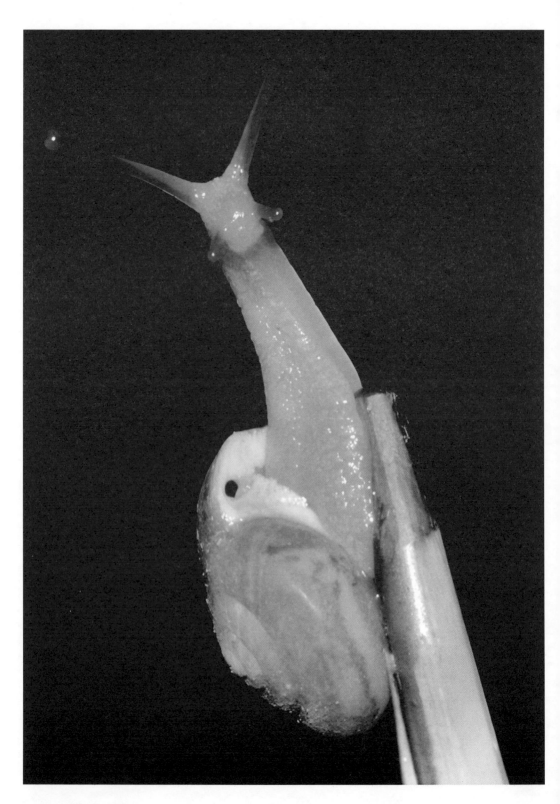

生活不全然是工作
與休息，而是以藝術
的心態去感受

131

# 有誰

有誰

可以描述太陽的光亮？

有誰

可以說得清楚月下美景？

又有誰

寫得出內心中的澎湃的思潮？

我總是忘了

「心」才是生命的最真實寫真

但是

該如何述說那深自的感情

事實上

在時光億萬年的洪流中

我終究是我

但也許已經不是．

或許

生命些微的寫真

才是

載滿思緒的那個誰。

生命的悦樂
在盎然之中

134

# 招手的心

在充滿著濃郁的生命中
是時空的情趣。
日子
祇在輕淡的記憶中飄逸着
似乎在又似乎不在．
不必刻意的悠適
總在薄霧的輕盈之中
生命在「心」的四周環繞著
緊緊而又層層的牢繫
歲月必然會老去
在漸行漸遠時光中
我似乎看不到
遠處正在招手中的自己。

# 心的喜悅

許多信佛的朋友

都說人生是苦的，所以要修行

事實上

生命是悅樂的，是無可比擬的．

對生命有著無比的依戀

這絕對是好的．

生命的苦寂，會使我們迷惘並失去了方向

但是

可曾駐足微風下深藍的月夜

是如此的詩情畫意

悲嘆不會使我們獲得甚麼

徒然壞了我們的心．

生命原是充滿喜悅的

就看

您的心如何去對待它們。

# 所見不真

總以為「所見」為真
其實
這是對於「光」的基本特質不了解的關係。
而
人類所能看見的「光域」
比起光的「全域光譜」的近於無限大而言
也祇有一張紙的厚度而已。
事實上
我們看到的所有物質
其實都「不是」它們的真實面相.
請記住
「光」是「電磁波」
而「電磁波」是沒有顏色的。
我們所看到的那美麗的顏色
其實，那一切也只是我們的腦子對應
「光子」能量的不同所呈現的
「虛擬色彩 (virtual color)」而已
人類真是何其有幸。
而其他的動物就沒有那麼幸運了。

牠們絕大部分是色盲
也就是說
在牠們的眼底下所看到的世界是一種灰階
是以灰白的階層的不同而區別世界。
你從來不會看到一隻牛
因為花的色澤太美麗而捨不得吃它
也從來不會看到有人類以外的動物
會去欣賞一朵花的美麗。
人類的腦子可以呈現色彩
這一切也只能說是造物者
賜給對人類「特殊」的一種恩典
我們真的應該要懂得感恩。
肉眼的「所見不真」就是這個道理。
宇宙的「真相」不完全是我們所見的
這就是「造物者」超越人類一切的思維
甚至也超越了不可思議的偉大。

Good Morning
早安

之嵐

# 在基因中發現了神的存在

首先，

讓我用兩個比喻

來作為這個論述的起點。

如果有一天早晨當我們出門的時候

發現了地上的落葉

整整齊齊地排列出

您的「姓名」與「生日快樂」的樹葉字型.

那麼

您會認為這些落葉

是樹與風的巧合而成的嗎？

您會說：「這怎麼可能？」

但是事實上

以「概率」的觀念來看，

仍然是算得出來的「可能」。

因為，

落葉的地點就在那個樹所涵蓋的範圍

雖然

成就這些字型的機率

的確是非常、非常、非常的小………

但在數學上

卻不能說它等於是「零」。

☆　☆　☆　☆　☆

第二個例子

有一個猴子坐在電腦的鍵盤前面

隨意地敲打著鍵盤

竟然

打出了「微軟」的整個「視窗作業系統」

這「視窗作業系統」中

有數百萬個系統程式的編碼

可以讓整部電腦進行正確的運作

您認為這種偶然是這可能的嗎？

您會說：

「這怎麼可能？…絕對不可能…！」

但是事實上

以鍵盤上那有限的字母

在這樣的情況下，只要天長地久

以「概率」的觀念來看，

雖然，

這種的機率非常、非常、非常的小

小得幾乎在極限值上趨近於零⋯⋯

但仍然不等於「零」。

☆　☆　☆　☆　☆

現在，

讓我們回到最根本的

「人類」問題上。

對於人類的「基因」而言

若是要由自然界的演化

來進行整個人類的

「基因」結合與構成

也就是想要在自然界形成它。

則我可以認真負責的說

這種的「概率」是

『等於「零」』。

☆　☆　☆　☆　☆

人類現在的科學

已經將所有一切的應用都轉化為

「數位系統化」了，

也就是所謂的「二進位系統」

更基礎的說

也就是使用「0」與「1」這兩位數

來表達一切的資訊。

正如我們現在所使用的

電腦、電視、手機、通訊系統、等等

它們都早已經是「二進位」數位系統的產品了。

現在

再來說說我們「人類」：

「造物者」

在造「人」的時候是以「細胞」為起點

我們人體內有「60 兆」個細胞

每一個細胞內都有細胞核

而每一個細胞核

內有「23」對（46 條）染色體

每個染設體

則又由 30 億個「鹼基體」相互連接

而「鹼基體」的序號

分別縮寫為 A、T、G、C。

隨著染色體的延伸

這四個「鹼基體」反覆不斷地

以一種獨特的順序進行不同的「編碼」.

也因此

使我們每一個人

都成為獨特的「個體」

請注意「造物者」使用

四個「鹼基體」反覆不斷地編碼

各位請注意

這是

「四進位數位」系統

而不是我們現在

日常生活中所使用的「二進位系統」。

這正所謂是：

「失之毫釐，差之千里」

☆　☆　☆　☆　☆

「造物者」

對人類使用的是

超越的「四進位」數位系統

而不是使用「二進位」系統。

為了觀念上的清晰起見

各位請比較下列的相關資料

首先

各位先比一比看看

在二進位系統的編碼中

$2^{20}$ =1,048,576（這是 2 的 20 次方）

但在是「四進位」系統的編碼中

$4^{20}$ =1,099,511,627,776

（這是 4 的 20 次方而已）

為什麼只使用「20」次方？

而不是人體的「30 億」次方呢？

「20」次方對「30 億」次方

那簡直是完全的不成比例啊。

是的！

我心中當然是非常的清楚

那是因為

才 20 次方就已經上「兆」了

您能想像 30 億次方

會是一個什麼數字嗎？

事實上

在所有的電腦上 4 的 30 億次方

沒有任何

一部電腦可以回答得出來。

從上面簡單的結果來看

「四進制位系統」

所能夠表達的資訊量

我總感覺到它是一種「宇宙量」級的。

所以

我們人類的每個染色體

是由 30 億個「鹼基體」連接而成

也就是每個染色體內所能表達的資訊量是

43000000000（4 的 30 億次方）

為甚麼說這是「宇宙量」級的數目呢？

各位看看

不要說是 4 的 30 億次方了

事實上

在我的電腦上

4 的 2 萬次方電腦就告訴我：

「溢位（Overflow）」了

也就是說

這項運算的結果

「超出」了電腦所能處理的範圍

算不下去了

那麼人體的 30 億次方呢？

那就更不必談了。

☆　☆　☆　☆　☆

我們的染色體內

又區分有許許多多的「基因（Gene）」片段

人類的「基因」控制著人體的一切

那麼，我們可以看得出來

在染色體下的每一段的「基因」

都包含了天大地大無窮大的編碼資訊

使我們每一個人都成世界上獨特的個體。

想想看

在一個如此狹小的細胞內

竟能夠攜帶生命中如此龐大不可思議的訊息量

而又能安排得如此完美

這難道不是不可思議嗎？

有人說宇宙是隨機的

那麼

你可以隨意長十個手指頭嗎？

你可以隨意多長一顆眼睛嗎？

當然，這不可能。

因為

而這一切都不是隨機或是巧合可以成就的

更不是演化的，因為人類出現的時間太短了

那麼

如此強大而不可思議的功能

究竟是誰賦予與造成的呢？

事實上，

當我們越是深入的研究

就會發覺到更深、更遠與更多的不可思議

而唯一可以思考的方向

那就是「造物者」。

祂也許造就了這一切

就在這細胞的「基因」中隱喻

並真實的存在著

「造物者」的

無限大智慧與無限的真實神績。

沒有任何一塊石頭

凡事必有其象．象

必有其理．理必有其

因．能知因源則明也

理之道盡其智慧．

# 什麼是智慧？

「智慧」

是高等生物基於生活與社會的結構

所具有的一種超越的綜合性能力。

諸如

學養、理解、情感、邏輯、分析、判斷等等。

「智慧」與「聰明」是不同的

「智慧」

是一種全面性高層次的生命超越能力。

而「聰明」與「智慧」也是不相等的

因為

「聰明」

只侷限於小區域的一種凸出表現而已

所以有人說是「小聰明」就是這個道理。

什麼是真「智慧」呢？請看下面這句話：

「凡事必有其象

象必有其理

理必有其因

能知因源

則明事理之道」

這才是真智慧。

# 時間是自己的

有誰會在乎「你」是甚麼

又有誰會管「你」在想甚麼？

尤其是

當你沒有自己「心」的時候

連自己都很難說出

「我」究竟是甚麼？

其實啊！

不必去想那些天邊的豐功偉業

那些都是被「特意」製造出來的

而且絕對是有「代價」的。

日子是完完全全「屬於」自己的

正如是拔牙一般，必須全然的去承受

努力的

去「過好」自己的日子。

更重要的是

不要忘記

祇有「時間」才真正是「自己」的

善用時間

那才是最真實而自在的「我」。

# 時間的本質

幾乎

所有的人們

都認為時間只有「現在」

而「未來」與「過去」都是實質不存在的。

事實上，

有這樣認知的人是不能被責怪的

因為，我們所有的人類的確都有這樣的感覺。

但是

幾千年下來直到現在的今天

人類所有的科學家

都沒有任何方法發現到「時間」存在的真實性。

近代科學對於「時間」深入的研究

得到的結論同樣的是否定的。

☆　☆　☆　☆　☆

德國物理學家海森堡（1901-1976）

於 1927 年發表論文

不確定性原理（Uncertainty Principle）

並獲得 1932 年度的諾貝爾物理學獎

這個定理明確的告訴我們

「時間」是不連續的。

德國物理學家也是量子力學的創始人之一

普朗克（Ludwig Planck，1858-1947）

則更進一步的說明了

「時間」、「空間」與「能量」都是不連續的

而其間斷的的間格

則又稱之為「普朗克常數」。

☆　☆　☆　☆　☆

我常認為「時間」

就像無限長遠而又「彎曲」的一條骨牌

當宇宙因「大霹靂（Big Bang）」而產生的時候

這一系列無盡的骨牌

就開始一直地向前倒下去。

所以

我們只能看得到

骨牌一直的向「前」推進而不會倒退

總有很多人會說

希望科學能夠讓我們回到過去。

但是

我想真實地告訴各位
那是絕對不可能的。
「時間」就如無盡的骨牌一般
一直的向前倒下去
可以彎曲，但就是不可能回頭。
也許有人會說
宇宙不是有無限的可能嗎？
但我也要說
宇宙也有無限的不可能。
☆　☆　☆　☆　☆
「祖孫悖論」的理論告訴我們
如果一個孫子回到過去
不小心把他未結婚的祖父殺了
那麼現在的「他」是怎麼來的？
同樣的道理
如果他的孫子回到過去
用現代進步的藥
把他祖父的病治好了
而活到了現在
那麼

此刻他祖父的墓碑與躺在墳墓裡的人又是誰呢？

所以，真真實實的，

時間是有「間距」的

而且是不相連的。

因此

在宇宙中不可能把未來與過去串連在一起

☆　☆　☆　☆　☆

從來沒有人知道

「未來的時間」藏在宇宙哪裡？

也沒有人知道

「過去的時間」去到了宇宙何處？

「它」也許真的只是人類的一種虛幻的認知。

在數學中

包含有「虛數」的

「複變數（complex number）」領域中

也許才能真的找到「它」

正如「虛數」的存在

才能解決科學上一切的困難與問題

但

我們卻完全感受不到它的存在

# 時光之歌

時間

是一首久遠、久遠的「老歌」

但卻

永遠不會被人們忘記

而且

還會一值的被吟誦下去

時光

是一條永遠不能回流的蜿蜒清流

承載著我曾經有過

太多的的「夢」

那來自

無邊無盡的遠風

輕輕地穿越山河大地

時光

挽著藍天下的白雲朵朵

飄散在萬里的天涯無蹤

我

究竟是在夢中還是在夢外呢？

# 生命的時鐘

每個人都在忙！

可曾好好的清閒過？

這個

已經陳年而且老舊的身軀

帶著

喘著氣的步調

究竟想要到哪裡去？

凌亂的心靈

總像是海浪的中的漩沫．

記憶就在那浪來浪去之間

從來

就沒有真正而仔細的端詳過

片刻的自然．

世俗的憂慮是汪洋唯一載重的舟

而且是

載沉載浮的……

就這樣送走了一生的云夢．

而時鐘還是一樣的

在…

滴答！滴答！滴答！

# 進化的詭計

有關於

人類是如何「來源」的問題？

一直到現在

都還常常還是聽到有老師在教學生說道：

根據達爾文《進化論》人類是由猿猴進化而來的

每次

聽到對於這問題這樣子的回答

我心中總是相當的難過。

因為

這不但是錯誤的，而且還會誤人子弟一生。

在《生物學》中有一門《遺傳學》

它很清楚的告訴我們

「人類」與「猿猴」根本是風馬牛不相及的

這是兩個完全不同的「物種（Species）」

因此，我也一再的強調

我們人類與猿猴之間一點關係也沒有。

事實上

生物學家達爾文（Robert Darwin。1809-1882）

從來就沒有出版過叫做《進化論》的書。

但是他的確是在 1859 年

出版了一本書名是：

《On the Origin of Species byMeans of Natural Selection,

or the Preservation of Favoured Races in the Struggle

for Life》

我想可以把它翻譯成：《經由自然選擇或生存競爭並進而探討物

種之起源》。

但是，達爾文卻很小心也很警覺的

避開了人類的進化問題

他也沒有在書中觸及人類任何的演化問題。

對近代生物學所研究的染色體而言

猿猴則是有「24」對染色體

而人類則是有「23」對染色體

也就是說

人類與猿猴的染色體數目是不相同的

「染色體」數目的不相同

代表構成動物體內的「細胞結構」是不同的

而「細胞結構」不同的動物

當然是兩種完全不相屬的「物種」
所我一再的說
我們人類跟猿猴其實是一點關係都沒有
否則
如果猿猴真的是我們的祖先
而人類又是由猿猴演化而來的
那麼
依照人類與猿猴的血緣關係
那實在是就太好了⋯⋯⋯
當人們需要輸血的時候
用猿猴的血液有來代替人類的血液
有肝病的人士
在需要換肝的時候拿猩猩的肝臟來換就好了
換腎的人拿猩猩的腎來換就好了
那真是可以換不完的器官
這真是一個通天偉大的發明
這豈不是
天下皆大歡喜啊！
大家說是不是？

要懂得觀生命之美、
不要匆匆地走過人生、
多把握住每一片、每一片
刻刻、讚賞生命、每
一個細節、

元氣

169

# 生的自覺

我們先要懂得

生命的本質就是「孤獨」的

其實，

真能有這種的自覺的人

雖也會有外在「孤獨」的時候

但卻不會有「孤寂」。

事實上，我們從小

就開始在刻劃與塑造自己的未來。

「因緣」與「聚會」在生命的過程中

沒有一個人可以說得清楚它的究竟。

來自萬里的長風

它看我們的生命不過是在「瞬間」間而已。

鬆開自己，讓它自在飛翔

以曾經活過的生命與形體

放飛那屬於

無邊無際的「天地之靈」。

# 相融

窗外下著微雨

西風

卻流露著悠然的自在

與那

虛幻的細絲雲煙。

其實，這世界上

一切事物總是一無定論．

今日為是的

明日常會為非．

橫逆之事

不可以

橫逆之心相待。

不需要退卻

也不要詛咒

就是

那份自在的心率．

萬物皆能相容

但卻無需強求．

若有唯一的選擇

就與

那細雨雲煙相融為一。

# 活過

當我學會品酒之後
就漸漸的
忘記了白開水的甜美
口舌快意
使心遠離了簡樸而追求繁瑣.
其實,
生存所需的物質是很少的
而我總把生命
消磨在瑣碎的雜亂之中.
心被養壞了
現在
當該我是重回大地的時候了.
想去品嚐冬雪的喜悅
去感觸長風的輕柔
去體認融入自然的悠閒
如此,
再用力的
長長的呼出一口氣來
然後說
我曾用心而自在的活過。

一時的成功未必就是英雄，因為沒有人能夠永遠不敗。失敗未必就沒有機會，因為我們未必永遠都屈於下風。

元氣

# 生命的寫真

以深自

沉靜落實的心緒

轉化為身心深處的自性

靜觀自得的參悟

心靈的視覺

可以

淨化所有的難求與難捨。

淺彩淡墨的揮灑

是

形義上的暢流

而心

則是性靈的歸宿

用

生命的超越去寫真

才會有

極盡揮灑的舞姿與形體

更重要的是

那份生命中的自如與自在的痛快。

# 心的邊際

可知道

這世界上最遼闊的是甚麼？

不是汪洋、不是大海，也不是宇宙星球。

許多人想做大人物

其實

恐怕連他自己都不知道

所要的究竟是多大。

總以為越大越好

但幾乎沒有的卻是

生命中的幸福與美滿。

我們

「心的邊際」在哪裡呢？

心急而思欲卻不著邊際的人

其實是最痛苦的。

祇因為他的心

必然是處於

無邊無盡與那沒有著落的渴望。

科學道路的終點
或將會是神學。

量子力學的靈異而不可測·其
真象遠在人類的智慧之上·宇
宙浩瀚無限·更是不可思議

光電博士　元亮

# 超越不可思議

二十一世紀

人類號稱是科學飛躍進步的時代

「電子」

是構成宇宙一切物質的最重要的基本粒子之一

但是，直到今天

人類卻完全無法解釋

為什麼「電子」

會一直地環繞著原子核旋轉

而且永不停止？

更奇怪的是

電子帶「負電」

而原子核中的質子是帶「正電」

根據

異性電荷相吸的原理

它們應該

立即相吸而永不分開才是。

也就是說

電子應該在瞬間就與原子核結合才對。

但是，
為甚麼原子核內的「電子」
自宇宙的開始
直到今天還在遠近不等的環繞著原子核
而不與原子核結合呢？
☆　☆　☆　☆　☆
更奇怪的是
電子沒有體積，
但它卻可以帶有電荷
真想不通的是
一個沒有體積的東西
用什麼攜帶或依附電荷呢？
但是，
更不可思議的是
由於電子的本身體積為「零」
也就是
電子的本身根本就不存在於空間
一個沒有大小
又不佔有空間的東西
相當於是一個「無」的「東西」

它又是如何能在

這種無「形」、無「影」又無「體積」

的一個「東西」

不

因為它連體積都沒有，

更不佔有空間

它甚至連一個「東西」都稱不上。

那麼要問：

它本身所具有的質量與電量都放在哪裡？

又有哪裡是可以存放或攜帶的？

☆　☆　☆　☆　☆

不但如此

令人更難以思考的是

「電子」除了是一個沒有體積的東西之外

它還能夠一直的自體旋轉 (Spin).

所謂「自旋」就是自體本身的旋轉

它應該是帶有動量的

於是我們要再進一步的問：

一個沒有體積

又沒有大小的東西

它又如何能夠談得上旋轉呢？

而且還區分左旋與右旋

在兩個不同的方位上的高速自體旋轉呢？

☆　☆　☆　☆　☆

「電子」

這種種所表現出來的

現象與所有的一切狀態

都遠遠的超過人類可以思想的範圍

甚至是超越了不可思議。

也許

只有唯一的一個答案

那就是也只有

「神」

祂可以解釋這些不可思議的事實

除此之外

我們完全不能夠了解，

這究竟是怎麼一回事？

☆　☆　☆　☆　☆

至於「光子」

那就是不可思議中的更不可思議

在這一百年來

科學家做過千百萬次的「雙狹縫實驗」

簡單的說

那就是讓「光子」通過兩條極為細長的狹縫

看看它們會出現什麼不同的現象？

但是

它出乎意料之外的出現了「干射」的現象

那就是不可思議的

何謂牛頓首先證實了「光子」是粒子型態的

而粒子是不可能出現干射現象的。

然而

光子的「干涉」現像

是不允許任何的人或事物去觀察的

只要有任何的觀察現象

光子的干涉現象立刻就會消失。

這是更不可思議中的不可思議

更遠遠的超過人類可以思想的範圍

也使人類陷入了完全無法理解與思考的狀態。

光子

可以「感受」到人類的「意識」

而改變原本要呈現的行為並變更了結果

這種的神奇與不可思議

事實上

不就正是「神靈」的現象嗎？

☆　☆　☆　☆　☆

基本粒子

不會無中生有

而是被創生出來的一種「極限」物質

並以此構成了宇宙中一切物質與生命現象。

我們的生命

也同樣是由一堆無數量的基本粒子所堆疊而成

同樣不可思議的是

為什麼

這些純物質的堆疊

卻能夠造就具有智能的生命系統？

同樣的是令人難以想像與思考。

其實，我經常在想下面這句話：

「科學的盡頭就是神學」

基本粒子雖然微小

但它們卻隱藏著有宇宙中最大的能量

人類曾經使用過的

「原子彈」，「熱核彈」都是最佳的證明。

使用如此微小的粒子

卻在瞬間產生與釋放「神」格的能量

☆　☆　☆　☆　☆

極端的科學

其實並不一定是人類所需要的

然而

人類正在以極快速的速度與極端的手法

在極盡可能的方式

在掠奪著的地球的資源

並徹底的傷害著地球

我想要說的是

不要去玩弄「上帝」所設定的底線

那帶來的將是不可預期的災難

也讓人類

終究會有走到盡頭的一天

您以為呢？

# 新物種

地球上所有的人類

沒有

任何一個地方的歷史是超過五千年的

但是地球卻已經存在了 45 億年

這真是一個斷層的大謎題.

近代科學家們也證實了

在說能認知的歲月裡

人類的 DNA 並沒有顯著的變化。

這也再次的證明了

人類

並非經由億萬年進化而來

☆　☆　☆　☆　☆

想想看

人體全身有 60 兆個細胞

即使每天進化一個細胞

那也要 164, 383, 561, 644 年,

對應著人類的歷史

您認為這是什麼樣的一個對比數值呢？

答案是：

那比地球存在的歷史

還要更長遠得多。

那麼

對於人類究竟是如何出現在地球上的？

最根本的理論與證據

都說明了人是突然被「創生」的

也就是說

人類是造物者所成就的。

☆　☆　☆　☆　☆

但是

在未來的歲月中

結合了突飛猛進的科技與野心

使得人類或許有能力

回過頭來深深而懷疑值著看著自己

於是興起了

重新編輯或設計自己屬意的 DNA

而人類也將成為

地球上全新的「物種」。

是禍？是福？

# 進入神格

智慧型電子介面的成就

將會在本世紀把人

帶入不可想像的另一種「神」格的境界

同時也讓

「人」越來越像「機器」

而

「機器」越來越像「人」。

於是

對於「人」的定義也越來越模糊

而「人」也越來越不像人。

這一切似乎是越來約會是真實的

至今，人類仍還看不出來

有什麼能夠避免的。

☆　☆　☆　☆　☆

「智慧」有甚麼永遠存活的價值呢？

雖然

「細菌」看似沒有智慧

但是它們卻在地球上存活了四十億年

而且，至今一直都活的很好。

但是我們，卻越來越活不下去了。

人類

一直的認為自己是萬物之靈

事實上

就人類目前所懂得的這一點點

在整個宇宙而言

還只是一個無窮小的點．

人類直到今天

甚至連構成元素最小的「原子」

都不知道它究竟是什麼？

如果連這些都不知道

那有什麼資格說自己是萬物之靈？

宇宙時空之大是不可思議的

極微之粒子也是不可思議的．

人類在面對整個宇宙的時候

必須一定要懂得謙虛

而不是

想要無窮盡的膨脹自己。

微風細雨.

# 所見非真

五彩繽紛的世界
是一切美麗的歸宿。
「光」的本身是具有無限的色彩
使彩虹的艷麗嘆為觀止。
但是
卻很少人知道
我們所看到的這一切
都不是真實的。
事實上，
「光」的本身是電磁波
而電磁波並不具有任何的色彩
而我們所看見的
其實
是我們腦子的解碼影像
「光」是沒有顏色的
「顏色」是來自於我們的腦子
所見非真
我們的腦子並不代表真理。
這一點我們一定懂。

# 生命的相繫

早年的時候

總認為所謂的「生命」

就是我自己的「生」

與

我自己的「命」。

我曾經問過許多有學問的人

如果宇宙是一個無限大

而我祇要是「零」

那麼，

宇宙與我的相乘的結果會是甚麼？

多年來，我一直在尋覓著

其實，

我們的生命與他人

是不可能切割

而且

是彼此深深的相繫的。

離群索居的歲月與想望的哲學

究竟成就了些甚麼？

揮別石頭

再深深地望一眼

那無盡的遠空與燦爛。

生命中必需要有度量．没有度量的人，必不能享受生命的喜悦．

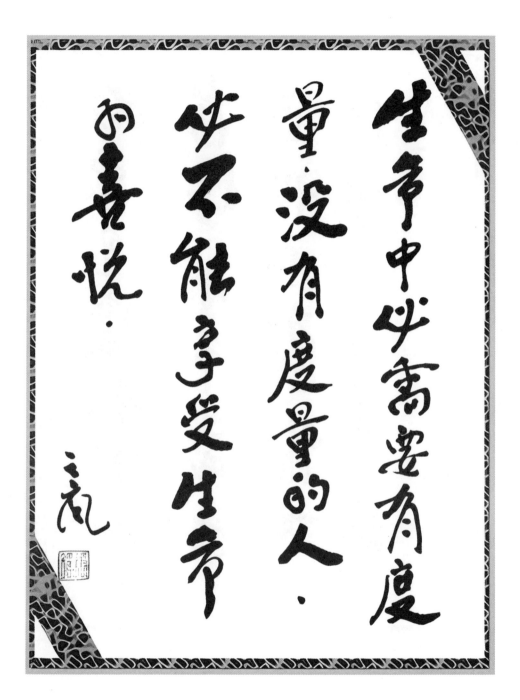

觀象見變，幻不已也
存乎．生命的成長
過程亦如此．能懂
得變化之道才見超
越．

# 唱和

夏日的長蟬隨著薰風

在樹下濃蔭的午睡

是生命的自在。

不要總是把生活變成一根琴弦

隨著世人的撥弄

而繃得緊緊的。

偶爾

也允許自己慵懶一下

畢竟

生命不是時鐘

而生活也不是那上面旋轉的針。

想要懂得如何去面對生命嗎？

請先隨我

聽一聽近在身邊輕風的細語

低吟如松濤

與

那深藏在靈魂深處的弦歌

一起相融的唱和。

# 天堂的奧妙

不要

誤以為「天堂」是死後的事.

我們應好好的認知

人體的奧妙就是天堂的成就

大地萬物的繽紛也是一個天堂

地球的圓滿更是一個天堂

宇宙的無窮還是一個天堂

更重要的

天堂不在天涯海角

它就在我們的「心」內

我們的心可以帶我們上天堂

懂得用心

就要認真地把握現在

時時刻刻好好的享用

「上帝」

此刻所創生給我們的天堂。

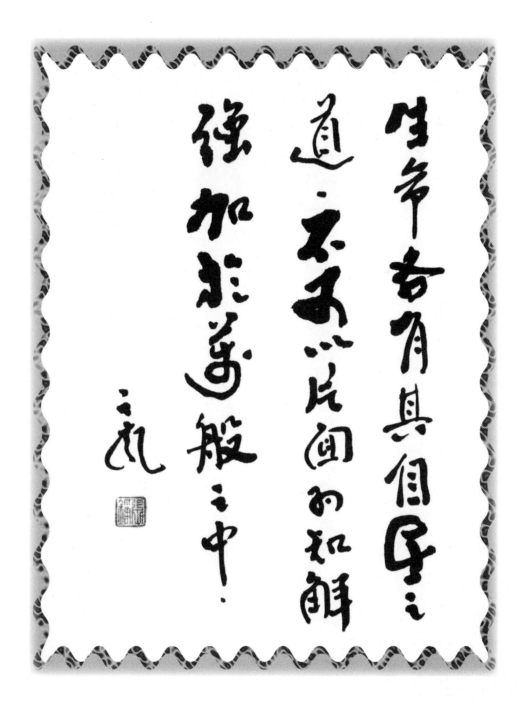

生命教育其目標之
道，不可以片面的知解
強加於菩薩行之中。

# 是我！是我！

我想去繪畫
不是山水畫
也不是油畫、水墨畫
而是「心畫」
是思想與感覺的畫。
大地山河的風雲思念
該如何能畫的出來？
萬里長風的思緒
該如何能去著染顏色？
對父母親的思念該如何能
框限在那有限的畫布？
但是，
終究還是想要繪畫
看看
可否繪得出是自己來？
是我！
是我？

總不要輕視植物的智慧，它養活了整個地球，而且演化了四億年，人類的存在也不過一萬年

# 心影

身體中

充滿著濃郁的生命。

是「時間」與「空間」的因緣情趣

日子

祇在輕淡的記憶之中飄然

似乎在又似乎不在。

生命不必處心積慮而刻意的悠適

其實

那反而會更忙

總在薄霧的輕瑩之中會發現

一切都圍繞在心的四周

緊緊而又層層的圍繞

漸遠漸濃

終於

我看不到

那正在招手中的自己。

不要讓生命留下空白

生命是美好的，是千金萬億來
又才開一次的花朵，不要讓歲月
成為一片空白

三毛

# 上帝在哪裡？

「意識」是生命的一切源頭

沒有「意識」的生命是沒有意義的．

就我們所認知的

「意識」的本身不是物質，也不是能量

更不是我們任何所知道的形體

但是

它需要有「載體」才能夠發揮作用。

在宇宙中凡是任何的事情或現象的表現

都需要有「載體」作為根本的依托。

我們寫字不能寫在天空上

所以，我們需要有紙張作為我們的「載體」

我們人類不能飛行

所以，需要有飛機作為我們的「載體」

在無線電的傳輸學中

最重要的就是「載波（Carrier）」的問題

它可以傳送我們所需要的任何影像和聲音

地球上所有一切的物質和生命

都一地球為載體

當地球這個載體不存在的時候

這世上的一切也都將不存在

也將由於「載體」的不存而無法存在。

☆　☆　☆　☆　☆

就人類而言

「意識」

則是以我們的人體作為「載體（Carrier）」

而表現出

生命所有一切的行為與現象及表徵。

故而

當人體失去了「意識」之後

也就失去了他生命的價值與意義。

但是，我要問的是：

當「意識」失去的人體這個「載體」之後

「意識」的本質是不是還可以存在？

這是一個非常嚴肅的問題

也是幾千年來人類最大的疑惑。

但其實若以無線電的理論來說

我們看到的畫面和聽到的聲明

都是經過「載體」才傳送的

但是，這裡有一個大的問題

那就是無線電可以有非常多的「載體」頻道

正如

我們看電視時

可以有非常多的「頻道」可以選擇使用

我們的「意識」

是不是也是如此

具有波段與轉換的能力

藉助於不同的載體

可以在不同的層面上轉換

而使我們的「意識」可以繼續地被傳載或轉載。

☆　☆　☆　☆　☆

「意識」

它不是思想，也不是智慧

但是它卻在這一切之上

我們可以沒有思想

可以沒有智慧

但一個人卻不能沒有「意識」

「意識」繼續地被傳載或轉載

這在宗教中有著極為重大的意義

世上最知名的數學家紐曼博士（Dr. John Von Neumann）

曾說：

「人類具有一個非物質的意識力，

並能夠影響物質的變化！」

「意識」是每一個人，天生都具有的

但卻沒有任何人是可以完全相同的．

這正如

我們人類的染色體與基因一樣

不論人類的數量有多少

但卻絕對不會有兩個人的「基因」是一模一樣的．

這也正顯示出

我們人類彼此之間必然有著差異性的存在。

「意識」除了先天的條件之外

也可以靠後天的修養而有所差異與增進

這也是

人類與其他動物最大的差別所在。

☆　☆　☆　☆　☆

「意識」需要有「載體」才能存在，

在我們活著的時候會以自己身體為載體

當我們去世的時候

「意識」失去了載體

那麼它還可能存在嗎？

也許

有人會說「意識」可以用靈魂作為「載體」

如此

這問題就會上升到另外一個更高的層面上

也就是「意識」與「靈魂」的結合體

那就是所謂的「靈識」。

但是

沒有「形體」

它同樣的是不可測的

它完全的超越了

現今科學以「量測」為根本基石的理論與基礎。

☆　☆　☆　☆　☆

數學是代表宇宙的真理

那就讓我們以下列的式子來進一步的說明：

★求下列二元一次方程式的解。

$$x + y = 2 \quad (1)$$

$$x \times y = 4 \quad (2)$$

在人類生活的「實數」領域的世界中

是不可能解得開這個「聯立方程式」的

也就是說，

它在人類世界中是「無解」的。

但是

它們真的是「無解」嗎？

答案卻是否定的。

☆　☆　☆　☆　☆

如果我們把宇宙的格局擴大來看，

把「虛數（Image Number）」包含了進來，

進入到「複變數（Complex number）」領域

則所有的問題就都有「解」了。

上題的答案是：

$$x=1+\sqrt{(3)}\,i \qquad y=1-\sqrt{(3)}\,i$$

請注意，

這式中的「i」是「虛數（Image Number）」

而整個答案是「複變數」形式的。

各位如果有懷疑這個答案的話，

那就讓我們來驗算一下好了

【驗證如下】：

(1). $X + Y = (1+\sqrt{3}i)+(1-\sqrt{3}i) = 2.$

(2). $X \times Y = (1+\sqrt{3}i)*(1-\sqrt{3}i) = 1+3 = 4$

（註：$i^2 = +1$）（以上驗算得證。）

很顯然的，這個聯立方程式

在虛數的加入

得到了的它的解，否則就是「無解」。

☆ ☆ ☆ ☆ ☆

「數學」是代表宇宙「真理」的

若在「數學」中證實成立的

則宇宙中就必然存在者被證實的事物與現象

人類僅僅生活的「實數」的地球上

所以，在人類實數的生活領域中

上題是絕對找不到答案的。

而我們必須引進入「複變數」的領域

才可以在宇宙中找到它的答案

同樣的道理

我們可以很確切地說

在人類「實數」的領域中沒有答案的事

它其實就隱藏在宇宙的「複變數」領域中

為什麼

我們看不到「上帝」或是「神」或是「創生者」？

事實上，

我們看不到祂們那才是真正是正確的。

在宇宙中我們比滄海一粟還小

在我們人類的感覺中

是依靠我們身體的五官或是相關的科學儀器而已

而這些都是在實數領域中所呈現的

不在「複變數（Complex number）」中

我們當然看不到「上帝」或「神」的存在

這正如

在數學中必須引入「虛數」

才能解決這所有在「實數」領域中不存在的問題。

我們是生活「實數」的「時空」裡

而「靈識」卻正是這個「虛數」

當這個世界引入「靈識」的時候

也許

宇宙才是算是真正的完美。

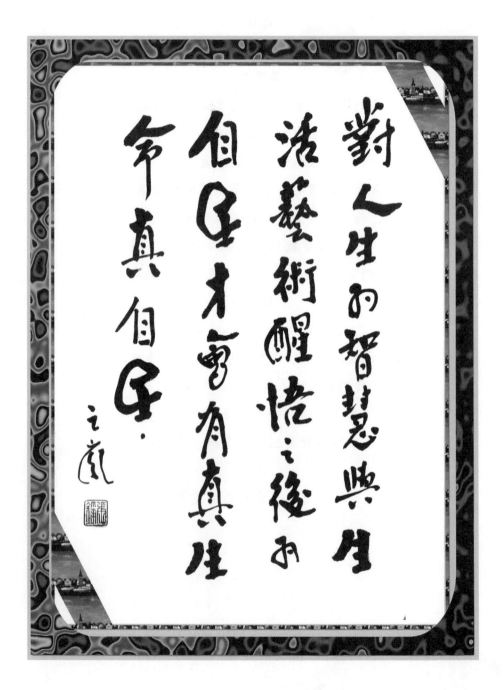

對人生的智慧與生活藝術醒悟之後才會有真生命真自由

自由才會有真自

命真自由

元亮

# 生命的藝術

很可惜的

許多人終其一生

都不知道

生命是一種「藝術」.

大多數的人們都以為

「藝術」就是

唱歌、跳舞、繪畫、音樂等

其實

「藝術」的主題是「美學」的創作

但請不要把科學排除在外

因為科學同樣是至美的.

它以深意的生命體認

表達思維中最高的認知

與

生命成長中最高的情感與意識。

「生命藝術」也是每一個現代人

用以表達生命意義

與

自我修為的一種境界

這種境界，事實上

也是

生命表達的最高意義與層級。

許多人常會問：人生的目的究竟是什麼、其實、他們忘了、問題的本身就是最好的答案.

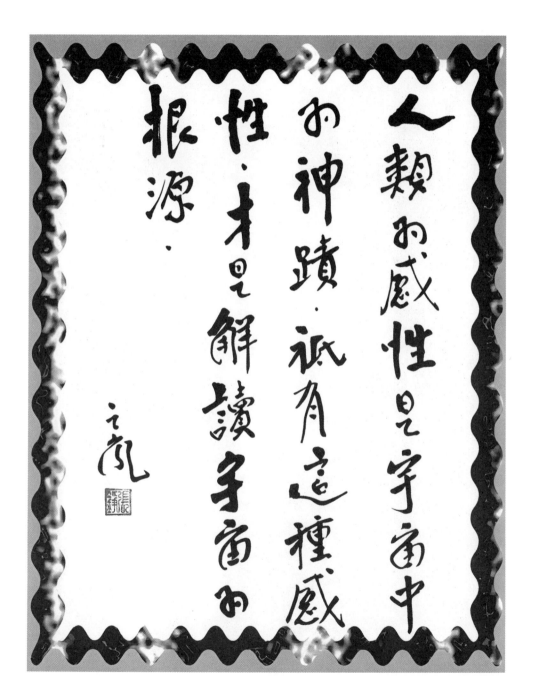

人類的感性是宇宙中
的神蹟，祇有這種感
性，才是解讀宇宙的
根源。

整個地球是由物質構造而成，故凡是不全於物理定律的事必不能存在廟堂亦然

勤時曾極度病危，是至病重
醫院拒收，瘟癒後曾有身臨
太虛幻印象，至今不忘及至
年長，除喜愛科學外尤其
喜愛近代天文學，並常能
印証，我腦海中的宇宙星辰
真不知該如何解釋、

光電博士

# 我瀕死的真實經歷

我在三歲的時候
曾經因大腦炎高燒持久不退而頻臨死亡
甚至
醫院也要求父母帶我回去
以便安靜的與家人團聚而過世
醫師並告知家人要有心理準備
我會在很短的時間內死亡。
但奇蹟的是
我竟然活過來了⋯⋯⋯
但不知為什麼，從此刻起
在我腦海中
刻印著有身臨「太虛」的真實感覺
一直的一直的在腦海中存在著
但是，至今每一個細節都絲毫不忘。
及至年長
我接觸到了近代「天文學」
看到了
人類在近代對宇宙天文的攝影

我深深的來自深心的驚嚇

因為，那些所呈現的宇宙影像

竟然與我在三歲昏迷時

刻印於腦海中的「太虛」是如此的相同。

問題是

一位三歲小的嬰兒

怎麼可能在腦海中存在有

是如此真實宇宙的形象與實體之影像？

☆　☆　☆　☆　☆

一直到

我在博士學程中

我選擇了電機的「光電」做為我學程上的最後認知

為的就是

想要以「光」作為更進一步深入的

了解與感悟這個宇宙的事實與真實影像.

並進一步

解讀我嬰兒時內心中所刻存的印證。

事實上

「光」的本質就近乎是「神」

它縱橫著整個宇宙

而且還是宇宙中一切速度的「極限」。

也許是

如此深不可滅的深刻關係

我自幼時就同時的熱愛上了

「天文學（Astronomy）」及宇宙學（Cosmology）。

漸漸地，

我發現了毛骨悚然的事

那就是當我越是

深入的了解宇宙的真實景象的時候

越是感覺與我在三歲時腦子裡的刻印的相同

是如此的真實的感應。

想問的是

一位三歲的小兒

憑什麼在腦子裡會知道宇宙的真實影像

又為什麼會一直地刻印地留在腦中？

直到

幾十年後的今天都一絲一毫的不曾淡忘。

☆　☆　☆　☆　☆

現在，再讓我們

回到我三歲頻臨死亡的那個時刻

第一個「被」知覺的「印象」

是「我」漂浮在無盡的太虛之中

是那種 -- 無邊無際的深色遙遠深空

是那種 -- 沒有「時間」存在的連續

是那種 -- 沒有任何視覺盡頭的虛無

而我，

則是漂浮著在這一切之中

更重要的是

完全沒有「自我」存在的感覺

也就是我的「身體」完全「不存在」。

我沒有四肢、沒有手腳、沒有身體、也沒有頭部

最奇特的是

我沒有眼睛但卻看得到，

那是屬於一種沒有意識的「看」

（似乎是沒有任何語言可以描述那種的狀況，

所以我註記了底線）

我

沒有「體重」或「重量」的感覺，

而是處於漂浮的狀態但沒有風，

而我僅存在於無限遙遠

無限深暗色的「時空」之內．

我沒有任何的形體

也完全沒有「時間」的感覺

但卻感覺到四周有無限空間的延伸。

除了有一份對外的「意識」之外

不！

也許不能稱之為「意識」

正確一點的說法應該是「靈識」

「意識」則是有意念的識別

而「靈識」則是完全沒有任何意念的存在．

而「自身」更是完全「沒有」任何可見的形體

而只是一個真實的虛幻「存在」

是一個是完全沒有形體的「靈識」而已。

☆　☆　☆　☆　☆

是的，那應該是一種無我的「靈識」

也沒有任何的形體「靈識」

但是

卻能感受在「無我」的外在的存在

這種「無我」存在的對外感受

沒有自我的認知

這種「靈識」

勉強的說也可能只是一個「幻識」而已

但卻又有一種感覺的存在.

是一種

不具有任何的形體或形象或實體的「存在」。

感覺自身是半透明的

但是，卻不具有人的形體

甚至

也沒有想要觀察自身形體的意念

而「我」

就這樣的漂浮在宇宙時空裡

沒有任何的知覺或感覺

更沒有任何的重量的牽扯

沒有身體

但是不知道為什麼

卻可以感覺到外界的存在

因為我感覺到了滿天的星空

但就是沒有感覺有「自我」的存在。

沒有任何的自身的「需求」或「意願」

也就是有著自屬的「靈識」

但卻沒有「自我」任何的「需求」與「意願」

當然

甚至完全沒有「呼吸」的意願或意識都沒有

這真是一種難以描述的狀態

☆　☆　☆　☆　☆

自覺的「靈識」是個透明的「無形體」。

這真是很難描述，但實情就是如此

有對外界的「意識」

但卻沒有對內的「自我」

而這整個的「靈識」

就這樣的漂浮在宇宙空間

為什麼知道是漂浮的呢？

因為，這個「靈識

可以感覺到星球相對位置的些緩慢移動的現象

也明確的感受到

有許多發亮的星體

存在於

整個暗黑色而沒有盡頭的空間裏

在那遙不可及的遠方。

完全沒有自在，也完全沒有不自在

就是這樣的在宇宙星空中飄浮著⋯⋯

其實不能說是漂浮

因為沒有空氣

這整個狀態完全超乎了任何可以描述的狀態。

但真的就是這個樣子。

☆　　☆　　☆　　☆　　☆

我甚至不知道

我醒過來了⋯⋯⋯

一直到現在的今天

除了我那身處於宇宙太虛的情景與感覺外

在五歲以前的日子，我完全沒有記憶。

母親告訴我

當時我躺在床上三天三夜發著高燒

一動都沒有動過

甚至於感覺不到呼吸

但母親堅信我還是活著

她就這樣守了我一個禮拜

不時的探一探我那幾乎沒有的呼吸

她就這樣的一直守著沒有希望的我⋯．

奇蹟的是

一個禮拜後我醒過來了……。

我幾乎沒有智力

中小學的時候，成績單整個都是紅色的

因為

幾乎沒有一個科目是及格的

奇怪的是

我的智力隨著年齡的增加開始快速的遞增

直到我嚮往的電機博士學位。

☆　　☆　　☆　　☆　　☆

生命的真實本體是一個「意識」

沒有人能說得出它是什麼又在身體的那裡？

一個人的去逝是不是就等於完全歸「零」了呢？

由於有了我自身瀕死的事實與體驗

總認為「靈識」是不會隨著肉體而消失的

而是回到宇宙中的某處

因為

我們是由宇宙中的深遠某處而來。

# 坐看白雲

坐看

生命與浮雲的「相遇」

是一種生命巧合的真實與偶然。

一生中

看過太多的白雲飄逸而過

但是

又有誰記得住那曾經有過

生命中「唯一」的相遇？

沒有兩片白雲是「相同」的

歲月的成長也是如此。

又有誰知道

那白雲帶走的時光去了「哪裡」？

總是在再次相遇的時候

才又想到

「當年」那生命中的浮雲

不知

飄向了「何方」？

曾經有過朵雲

飛過頭上，您又記

得住是哪一朵呢，

人生在世，不也如

此嗎。

# 善待自己

總想把生命「盡情」的揮灑
要善待自己
然而，卻不在於吃喝玩樂
而是要「釋放」我的心
讓逐漸充實的心智
能在這生命最真實的每一刻
在高高的天上
將心的形狀化成浮雲萬象
能在這塵世間
是兆億亂數裏的唯一「機緣」
每一瞬的時光
都帶走了「永不」回頭的一切
要善待自己
自由自在、隨心所欲！
管他甚麼後世歷史的問題！
不必奢望在你「離開」的那一天
有誰還會記得你「究竟」是誰？
當把這一生發揮的淋漓盡致！
這才是真正的「痛快」人生。

# 迎風的絕頂

教拳劍的師父

祇能把「招式」傳給你

卻無法

把「功夫」傳下去

教書法的老師

可以把字型告訴你

但卻也

無法把「功力」傳給你

接受傳承

總應該要自我警惕

不要祇在皮相上下功夫

要有自己的「格調」

要有自己的「創造」

還要有自己的心靈「屬相」。

超越

傳承的「皮相」

登上了迎風的絕頂。

# 醉山河

長雲疏影風沙盡

月下江山萬裡

憑誰問

白髮朱顏何人理

歲月哪堪頻回首

斟滿酒

高舉金杯

同飲歲月山河。

# 再等一會

我總是不想要睡

因為

那將又是一天的結束，又過去了。

總想「再等」一會兒

雖是深深的夜了

再等「一會兒」……

靜靜的斜依在柔和的床上

似夢非夢，似醒非醒的品味著

一天中「最後」的夜晚。

深夜是如此的祥和與安適與美好

沒有任何市塵煙塵

再等一會兒

但已經是深夜三點了

感覺到

意識中的泛靈與映照

是如此的深在體內

但似乎是也回到了遠空

而與

星光相遇融為一體。

不要總想去學別人

而成就或只是與他人比

較什麼，其實祇要

有自己的風格就有

自己的人生

元氣

# 成功又如何

幾乎我們每一個人
一生都在期望著未來的「成功」
但是
若更深入一步的深思
究竟想要「成功」的最後之目的是甚麼？
相信絕大部份的人們會想到
當然是好好的享受成功的果實啊！
否則辛辛苦苦打拼得來的結果
豈不可惜？
其實
這個世界上並沒有
所謂「真正的成功」這回事
成功與失敗也總是一線之隔而已。
「成功」決對不是用來享受的
它也只是一塊「責任」的踏板
因為
在「成功」的後面
仍然有無數的日子要走

也還有無數的挑戰要面臨的。

如果

一心想要以「成功」為目的

有的只是為了要「成功」而「成功」，

有的為了要獲得更高的享樂

相信

這絕對是一種毫無止境的邪惡．

每頓飯吃兩碗是一種愉快的

但你有金錢吃二十碗飯如何？

晚上睡一張溫暖的床很享受

你很有錢一個晚上睡二十張床如何？

鏡花水月的人生

是一種天方夜譚的想望．

更多的是不切實際的虛盼與仰盼

幸福與快樂的本身

可以在天涯海角

但就是不在「成功」這兩個字上

因為我們未必永遠「成功」。

我們的肉體固然只有
限的，但精神與意識
卻是無限的，所以我
們可以在有限的時空
中，去尋求那無限
的自我。

我總認為，當生命來
的時候，就豐豐盛的活
着，而當逝去的時候，
就把這一切還給大
地

# 沙塵般的生命

雖然只是一粒「沙塵」

但是

我還是投入了來自萬里的「長風」

雖則

我終究還是「似無」還有

但也確曾

「自在」而高高的飛揚過．

終究

我還是落了下來

原來

我終究還是那顆飄洋過海的沙粒

命運

似是無可避免的「避免」

總在想望

那大風起兮雲飛揚的「壯志」

讓自己

放手隨風而去的倘佯自在

這才是

風隨四海的「壯志」與無邊的「遼闊」。

# 意識形象與存在形象

生命

可以是永無止境的追求

也可以是安然滿足的度過.

太多的追求

就會有太多的比較與區別

而這些必然又會拖累著自己

甚至

反過來「被」它們所終身追逐奔跑

而如果

你總是有太多的物質需求

並把它們

堆放方在生命的空間裡

則「生命」

所剩餘的「空間」就會變得小的多了

不足以讓真正的自我

得以自在的揮灑。

生命中的「意識」形象

也就是我們的「存在」形象。

成年之後

就不再有那份內在與外在的意義了。

「成就」

在滾滾的人世之中

祇是紅塵飛揚上的比較

而當塵埃落定的時候

滿身的風霜與塵土

才會顯露出「原來」的面目

即使能夠站穩腳步

但已面目全非。

事實上

成就只是對於自我期許的一種「肯定」

而不屬於

生命的真正自然與必然。

我們每個人的知識與學問均由外來格物，必以外求功夫才能達致知的境界

文獻

# 因緣的歸向

總想

要把自己

歸向那山河大地與萬里長風

不是肉體

而是心靈上對於大自然萬物的「喜悅」

生命是一種億兆的「因緣」

因為，我們的身體有 60 兆個細胞

「外在」的因緣更是不可言述。

「存在」的本質

在因緣的「機緣」上是不可思議的

但是

「現象」則是所有因緣的聚合

生命

是於與萬物共同衍化的一種「過程」

快樂像那遙遠的街燈

總在遙遠的地方搖曳著

不如

回過頭來好好的看看自己

「喜樂」的過好每一天

就是生命的「道理」。

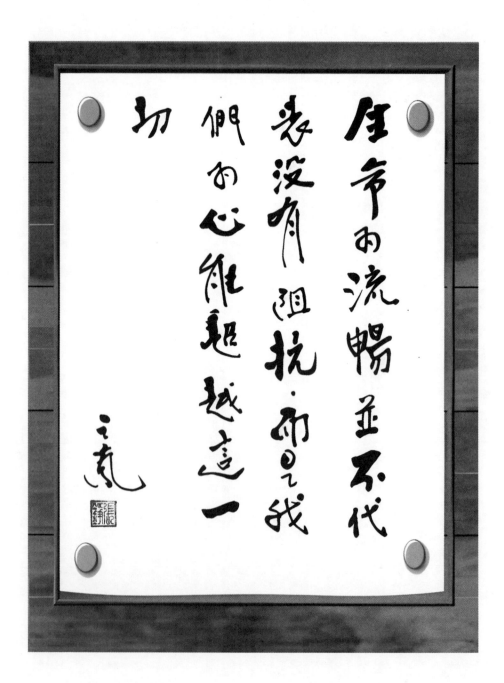

生命的流暢並不代表沒有阻抗，而是我們的心能超越這一切

# 無可比擬

生命的存在
是無可比擬的
它是宇宙億萬年的「奇蹟」。
每一個人的存在
也都是無可替代的
我常想把雙手高高地舉起
迎向長風
並用力的合上雙掌
想要
捉住剎那的時間光陰。
但是
時光仍然從指縫之間溜走了。
白雲飄風，陽光歲月
造物者早就暗示了
人類的存在
是超越了奇蹟的不可思議。
不要總想去擁有甚麼
而卻忘記了
你現在的自己才是這一切中最珍貴的
才是無可比擬的。
好好的珍惜這一切
但也要懂得對於這一切存在著
感恩之心……

# 喜悦的道理

人的一生何所求？

答案只有兩個字那就是「快樂」。

的確，想想看

人生除了「快樂」之外

還有什麼比這個更重要的呢？

這句話的重點雖然很簡短的只有兩個字

但卻具有生命的「實質」意義。

不快樂的生命是虛妄，也可惜了此生。

但其實

「快樂」這兩個字的學問卻是非常大的．

也因此有很多的人

是以「追求」快樂為終身的目標

但是

這種「追求」的方法永遠是得不到滿足的

因為追求的人生則是永遠「有求」於人

而有求於他人的快樂

是不會有「真」快樂的

當然，也不可能持久的。

在過生日的時候

大家都會唱「祝你生日快樂」

但我始終對這一句話感到疑惑

是不是只有生日當天是快樂

而其它的 364 天都沒有受到祝福嗎？

當然啦

這是通俗語言，不必太過於認真講究。

事實上

「喜悅」這兩個字

要比「快樂」

在意義上來得更深遠一些。

我們沒有人會祝福他人終身快樂的。

因為這樣子的「祝福」好像很奇怪的樣子

事實上

「快樂」是必須有「外在」因素存在的。

但是

我們卻可以祝福他人：「願你終身喜悅」。

因為

「喜樂」發自於自己內心的心靈深處

「喜悅」是身心合一的

它需要修持心靈上的增長與智慧

就會有

屬於自己在「生命」上真正的「喜悅」。

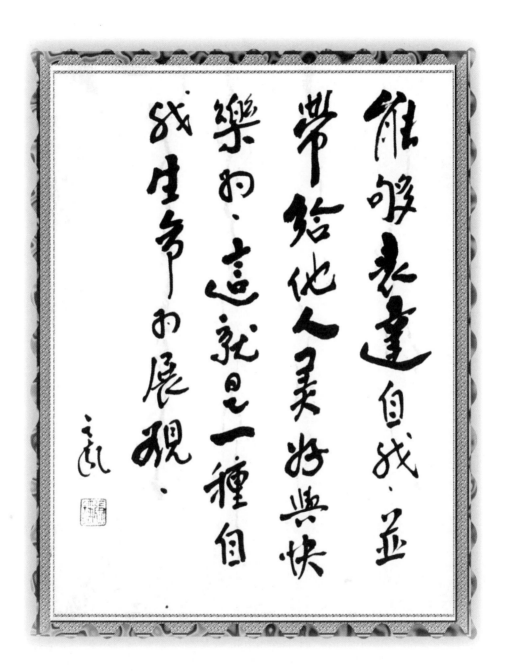

能夠表達自我，並帶給他人美好與快樂的，這就是一種自我生命的展現。

生命是一個燦爛的貝殼，當時光退去了之後，遺留下來的祇是一個彩色的虛空。

三毛

没有度量的人，必不
能享受生命的
喜悦

三毛

落日映長風煙波使人悲胸懷千古中

逸興江水流長風千秋里白雲不之

留人生花似月誰興其遠遊

# 心靈喜悅

所謂「心」

也就是「生命」的意思

「生命」的境界可以用「心」這個字來表達

雖然「心」的思維或意境

也祇是生命現象的其中一部份而已

就現在的人們而言

滿足飲食上的基本需求並不困難

真正困難的是心理上的需求，那才是一件大事。

所謂「人者心之器」就是這個道理。

人類所有的行為其實就是「心靈」的表現

所以，就以層級來說

「心靈」的層級是最高的

那麼該如何滿足人類心靈上的需求

最後還是要回歸到我們人類自身的「學養」上面

所謂「學養」

就是「學識」與「修養」

「學識」讓我們的生命有了目標

「修養」讓我們的心靈有了喜悅

這些是我們真實所嚮往的

心靈喜悅。

# 生的自覺

我們
先要能自我「認知」的存在
才會感覺到「真實」的存在。
我們
不必從他人的「眼裡」來描畫自己
也不需
要把自己從過去「一直」的連線到現在
更「不須」
從無限的周邊
繪出那自己微小而有限的無邊。
把生命「鬆開」
讓自己的「智慧」在天地間奔馳
也唯有如此
才能感受
那真正屬於自己的
「生的自覺」。

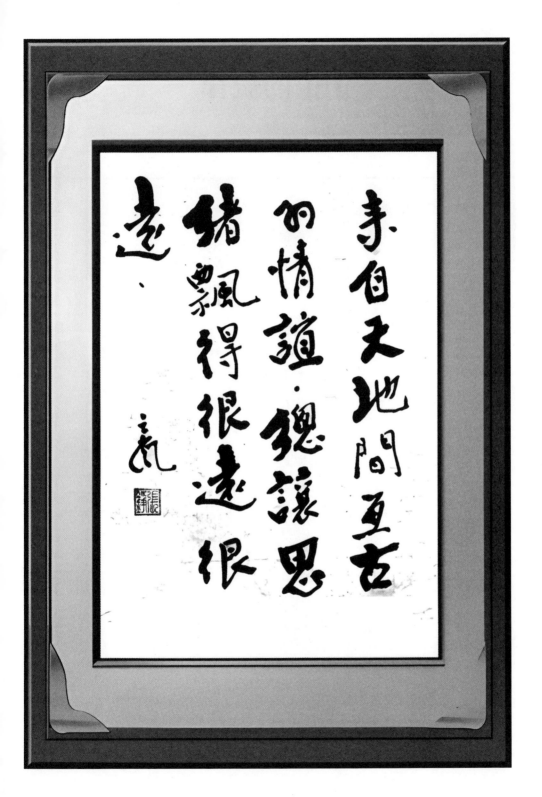

來自天地間亙古
的情誼．總讓思
緒飄得很遠很
遠．

# 宇宙的旋律

一般而言，

談到「旋律」多是指音樂作品

最主要的思想與感情表達的流露。

但是

除了音樂之外「旋律」

還包含的有「動作」的成分在內

「旋」是旋轉的意思，所以它是一個動詞

「律」是一種「界定」或是法則與規範的意思。

非常奇怪的是

「宇宙」的本質就存在於「旋律」之中。

這一句話可能各位會覺得很奇怪

但卻是事實。

各位請看看「宇宙」中所有的星體都是圓形的

更重要的是它們都必須一直的在旋轉著

它們不但有著自身的「自轉」

而且還必然會有「公轉」的現象

地球自轉一圈的時間是 24 小時

太陽自轉一圈的時間是 25 天

繞銀河系公轉一周的時間是 2 億年

故又稱之為一個銀河年

其他所有星雲或星系中的星球也都是如此

也都有它們各自的自旋與公轉的現象。

但無論如何，

這整個宇宙內所有的星系都是如此的在旋轉而運行著

而在這一切的旋繞之中

卻有著極為嚴謹的規律與法則

這就是宇宙的旋律，也是上帝的旋律。

☆　☆　☆　☆　☆

各位

請仔細的再以微觀的現象看一看

構成物質之「元素」的最小單位是「原子」

「原子」是元素能保持其化學性質的最小單位。

「原子」的周圍充滿著快速旋轉

而且具有韻律性的「電子雲（ Electron Clouds）」所環繞

這「電子雲」是由極高速的「電子」

以全面性的在環繞方式而如同是一團雲霧似的

所以又稱之為「電子雲」。

這些「電子」除了必須環繞原子核高速旋轉之外

更奇特的是

它的本體還有「自旋(Spin)」的現象。

「電子」環繞原子核的速度雖然很快

但是它們在環繞原子核的時候卻都會相互「溝通」

所以

它們是從來不會彼此互撞的

同樣的

若是進一步的看一看由原子所構成的「分子」

它們之間「共用」的電子

同樣是在兩者之間永不止息的在相互交越的旋繞著

並在極為嚴謹的規則之下相互飛舞與交越

這一切所表現的現象

也就是構成了所有基本粒子的旋律現象。

事實上,

這整個宇宙中

凡是不旋轉或是沒有韻律的物質則是「不存在」的。

人體是由原子所構成的

所以在基本上

當然也必然存在著自我旋轉的韻律

這種旋律之「由來」若是真正的追究起來

沒有人可以知道它是從何而來？

也許，

唯一可以解釋的原因，

那就是來自於「造物者」的智慧與創生

也就是說

這一切的不可思議

必然是由「創生者」所創生、規範與安排而來的。

☆ ☆ ☆ ☆ ☆

我們人

是來自於宇宙天地之間

所以自然也不能置身「旋律」於外

音樂的旋律能使我們寧靜、平和與安詳

所以

在我們的生命之中

若是能夠找到自己平日生活的中

屬於自己身心的「韻律」

那將是愉悅

也是生命中最歡欣的事。

真善美遍存於這字
宙大自然裏唯獨不在
這功利的人世間

# 時間的切片

在「時間」的哲學裡
「過去」的祇是一個夢
而「未來」的還在虛幻之中
其實
當我們把時間「微分」的時候
我們的認知
僅僅
祇存在於時間的「切片」裏
「記憶」也只能
從一片跳躍至另一片上
有如斷層
而又像不斷擴張的漣漪
漸遠、漸淡、漸微
終至
消逝而永不復見。

# 行聚形散

這個宇宙
其實
就是無限遼闊的「基因庫」。
而我們也祇是
取自這個基因庫中
暫時性出現的一個「聚合體」。
這種聚形
是短暫的、是無常的
但卻是珍貴無比的
因緣「聚合」的時候
我來在世上
當「聚形」因緣消失的時候
我即散去形體
而任由清風萬里
在時空因緣之中
懂得
如何活在當下
才是「懂得」生命的起點。

# 千年的風

千年的風

來自遙遠的盡頭

每當她拂面而過的時候

總想

及時的伸手

一把握住

然後

再輕輕的放在耳邊

聽一聽

西風的輕微的細語

啊！好懷念那童年

在風中飄渺的話語

與

那輕風細雨的同遊。

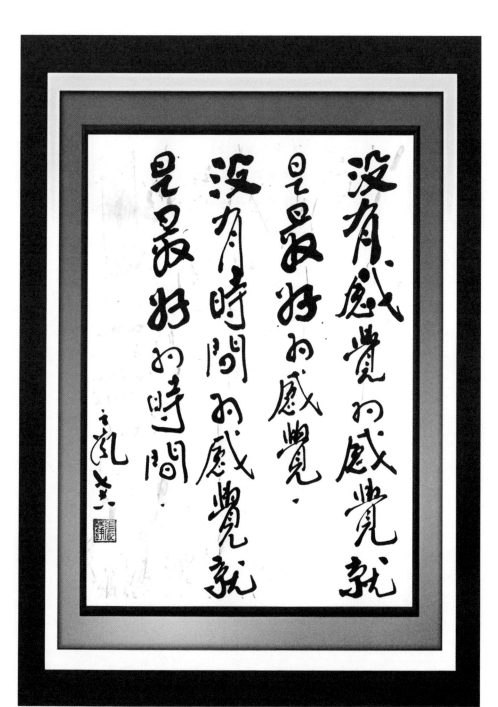

没有感覺的感覺，
是最好的感覺，
沒有時間的感覺就
是最好的時間。

# 我心

鮮豔的花朵

才兩天就變臉了

長風來得沒有形狀

時光流水也無形體

卻帶走了長年的歲月

時間還是時間

但歲月已非那曾經相似的歲月

我總是想要「超越」自己

但是

我的心卻還是停滯不前

當外在的燈光逐漸的熄滅之後

內心深處的

靈性與心智才會漸漸地「亮起」.

但無論如何

總要找到自己

那屬「靈性」的心窗

與還在窗外徘迴的「我」。

兵無常勢水無常

形の時無定位五行

無常興衰因象象

變化而取勝者謂之

神

# 逆旅

天地者萬物之「逆旅」
生命是其中的一環
所以，
生命也必然是在「逆旅」之中
為什麼要用「逆旅」這兩個字呢？
那是因為
在我們這一生中的「生命之路」
必然
是會越走越短的…
最後會回到源頭，也就沒有路了。
年輕的歲月
唯一不懂的就是「惜福」。
只有懂得
什麼是「今天」的人
才會懂得
「生命」的真意義與真啟示。
這也許不易。
但真正
需要懂得的起點是
這一切
要從「惜福」開始做起。

# 無法想像

提到「無法想像」這四個字
各位一定會想到這一定是很難很難的問題
難到讓人們都無法做出正確的思考。

事實上

我並不是這個意思

真正的意思

卻是讓人連想都「無法想像」的事情。

許多人

總以為人定勝天

其實，若是認真的說

以人類目前的這一點科技

那才不過是剛開始而已。

譬如說

大家都認為「寫字」是很簡單的事

拿起筆來就可以寫。

但是，說真實的

人類至今為什麼可以用手寫字？

這麼單純的事情其實還是個「謎」

甚至是無法想像。

事實上

人類的手在寫字

其實是跟大腦連結在一起的

大腦的反應

究竟如何能指揮我們的手去完成這個動作

這真是奇妙得「無法解說」。

事實上

人類對於「腦部」的作用

所知道的那還只是滄海的一粟而已

那麼神妙的腦部器官

配合著人體的結構

把人類帶到了「超越」其他一切物種之上的境界。

如果人類「沒有」寫字的能力

這跟其他的物種就沒有什麼差別了。

☆　☆　☆　☆　☆

事實上

也許我應該說的

不只是人類的外形是有著「造物者」的形象

我們甚至可以說：

「甚至連我們的腦部與體內的器官組織，

都有可能同樣是

源自於「造物者」的內涵而被創生的。」

否則

無論以任何理論或假設來說

絕不可能在地球上只有人類會寫字。

所以，

我們人類可能真的是

與「造物者」或是「上帝」或是「神」

在某種程度上應是相通的

這在道理與邏輯上當然是可以說得通的。

人類是被「創生」的

任何一塊石頭經過一億年也不會進化成人類

☆　☆　☆　☆　☆

「細菌」是地球上最早的生命體

它的存在有 40 億年了

它是最有資格進化成人類的

但是，直到現在的今天

細菌還是細菌

沒有變成其他物種或人類。

更奇妙的是

人類的高等智慧在地球上所有的生命系統中

是唯一的具有「語言」能力的物種

我們不但能說話而且還能說笑話。

各位

不要以為這是很平常的事

但其實

這是一種奇蹟。

各位

可有人見過有其他任何動物會說笑話的？

還會

把其他周圍的同類笑得人仰馬翻，東倒西歪的？

沒有。

人類是地球上唯一的例外。

☆　☆　☆　☆　☆

地球存在了 45 億年

這長達數十億年的進化

人類

不論在任何方面都是「唯一」蒙受照顧的特例。

各位再想想「唯一」這兩個字

在地球上

大家不都是在同一個起點跑點在進化嗎？

地球上億萬個不同的「物種」

而我們卻是唯一具有「智慧」的例外

這難道不是非常、非常奇怪嗎？

事實上，

也真是如此

整個地球全人類

沒有任何

一個國家具有超過五千年的文明與歷史

也沒有任何地方

具有超過五千年的任何人類遺體

別忘了

地球存在了 45 億年

而人類卻在現今五千年前有「歷史」的能力

唯一而合理的解釋

那就是人類是在近代被「創生」出來的。

☆　☆　☆　☆　☆

再回過頭來

看看我們自己的身體
單就我們人體的 60 兆個細胞而言
都能夠各就其位、各司其職
能夠充分的發揮單獨的個體特質
又能完成
集體器官的功用與其他器官相互合作的功能
請認真的……，
仔細的再想想
這其實是完全「難以想像」的。
六十兆個各體
能綜合其間各項功能齊力的發揮
成就了一個人的整體
其實
這就超越了人類可以想像的範圍
也超越了
任何的現實與真實
除了
這一切真的是「創生」的。

比人還大的是空間・
比空間還大的是心・
比心還大的是想像
力・想像力最珍貴・

# 日子是自己的

有誰會「在乎」你是甚麼

又有誰會管你在想甚麼

尤其是

你並沒有自己的格調

又很難說出

「我」究竟是甚麼？有甚麼？

一甲子的人生

也只是浪得虛名

總不必看著別人

而忘了我是誰？

更重要的是

不要忘記

「日子」

才是也是最真實的「我」。

# 生命是宇宙的神蹟

在日常生活中
我們對自己的「生命」
從來沒有感覺到有什麼「特殊」的地方．
但事實不然
生命其實是宇宙中「最不可思議」的真實
我們每一個人的生命
絕對是
宇宙中「唯一」的一朵奇葩
尤其是高等智慧的生命
那就不是「奇蹟」這兩個字可以一語帶過的
而是真真實實不可思議的「神蹟」。
我們的身體是由「純物質」元素所構成的
那麼要問
為什麼由「單純」的物質元素
經由不同的結構
卻可以行成具有「生命」認知能力的生物體？
而且還可以有思想
具體的說

也就是「物質」是可以轉化成「生命」的

這究竟是怎麼回事？

純物質與生命本來是不相干的兩回事

怎麼「物質」是可以轉化成為「生命」的呢？

追根究柢的問？

那麼物質是不是也是有生命的呢？

這是神奇中的神奇。

所以

我們不要太小看了物質的本身

它們可能有非常奇妙而沒有顯露的特質

「此身難得、此生難再」

生命是宇宙中的神蹟

願我們

都能好好的把握

並善自珍重。

# 想成仙嗎？

從來就沒有人知道

「時間」

究竟是什麼？

但我們可以肯定的是

「時間」

卻給了整個的「宇宙」的未來。

沒有人知道

「現在」

究竟是從哪裡來的？

當你說「現在」的時候就

其實已經是「過去」了.

更沒有人知道

「過去」的時空跑去了那裡….？

我們「現在」所看到的星空

也只是那遠古的「光」

而不是他們的「現在」。

☆　☆　☆　☆　☆

「時間」是真實的嗎？

答案不全然是「肯定」的

但也不全然是「否定」。

但我們確實知道

「時間」的本質是個「變數」.
在整個宇宙中
「時間」都不是固定的常數
而是可以變動與伸縮的.
所謂
天上始一歲，人間已百年。
這不是神話，更不是夢幻.
雖然
這是人類自古以來對於「神仙」的夢幻
然而，「這樣」真的是「好」嗎？
可能很少人想過這個問題
其實
這是真實可能發生的
但是
答案未必是「肯定」的
反而
很可能是否定的⋯⋯。
很難想像古代的神仙
來到現代科學進步的社會
他們將何以自處？
那麼回過頭來說：
您還在「拜」什麼呢？

道、是使我們能追逐自己的、但偏執的心卻使外界的一切變成了我們的桎梏

三毛

自悲與脆弱的另一面

面就是虛榮與傲慢

熱情的人必然是

充滿著信心．而其

生命也多喜悅的．

# 祖父悖論與因果關係

「時光旅行」

當然是很愉快的

而且還是最刺激與最有趣的事。

但是

各位可曾想過在「時光旅行」中

這裏面會有一些「悖論」的事情會發生？

所謂「悖論」就是不合邏輯情理

而且是自相矛盾的論述。

在「時光旅行」中

最有名的就是「祖父悖論 (grandfather paradox)」了

「祖父悖論」

是時光旅行時無法解釋

也無法自圓其說的一種問題與事實。

在現實上

這種悖論卻是科幻故事中常見的主題

只是大家並沒有認真的在看待它

而把它當作是一種好笑與娛樂的題材。

但是，

當我們認真的思考與面對這個科學問題的時候

事情的真相就不是電影中的那個樣子了。

「祖父悖論」的現象

讓人們了解事實的真相與關鍵性的邏輯

並不是只憑自己的想像中的遊戲而已。

這裡面卻有著「邏輯定律」及「因果律」

上嚴重的矛盾現象與問題

現在讓我們來看看這個問題的所在與事實真相。

☆　　☆　　☆　　☆　　☆

假設是：

若是你在「回到過去」的時光旅行中

回到了你祖父的那個時代與空間

在戰亂中不小心親手把你的祖父殺了

年輕的祖父並還沒有結婚

那麼………

這就明顯的在「邏輯定律」與「因果律」上

產生了下列兩個嚴重的矛盾現象：

1. 如果你的祖父未婚已死，那你是從哪裡生出來的？

2. 當你回到過去，殺了你年輕的祖父，而祖父死了
   就沒有你父親，沒有父親也不會有「你」

那麼，又是誰殺了你的祖父呢？

這就是「祖父悖論」最直接矛盾的地方。

如果宇宙中真的時光可以回到過去的話

那麼這種「祖父悖論」的這一類事情

也就必然不可能避免。

☆　　☆　　☆　　☆　　☆

雖然

它是建立在假設的說法上

人類目前並沒有能力進行時空旅行

但若科技進步，在未來卻未必不可能。

但若不幸這種假說或許成為真實的話

沒有人可以想像該如何去思考與解釋這個問題。

但我相信宇宙的本身

有着「至高無上」的智慧。

所以

一定有某種更高與更深智慧與能力

可以，預防這種「悖論」事情的發生

也許

在事情發生之前

一個不知名的閃電就會把你消失了。

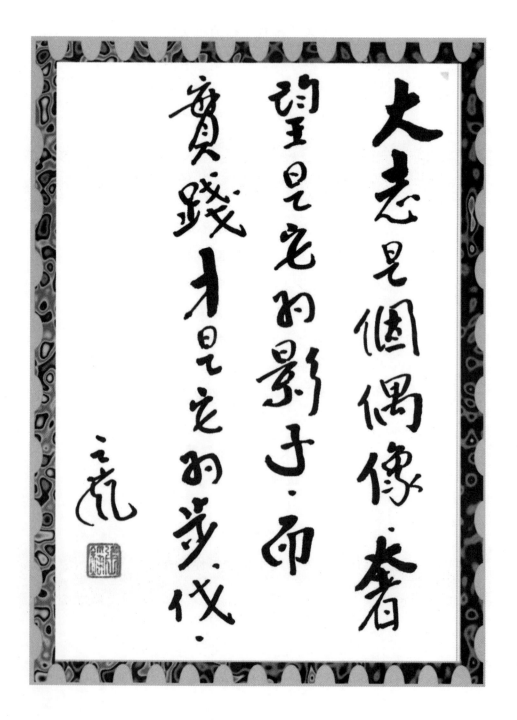

大志是個偶像．奢望是它的影子．而實踐才是它的步伐．

許多人終其一生都Ｇ爭奪，但是，別忘了，祇有時間才是最後的贏家

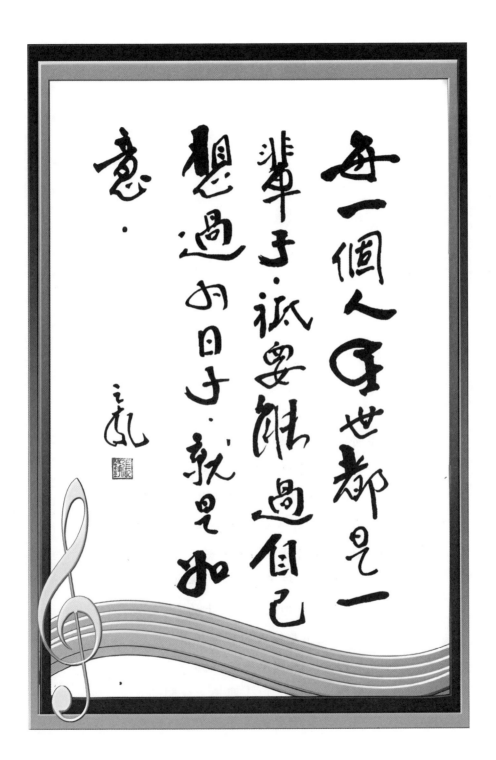

每一個人在世都是一輩子，孤要能過自己想過的日子，就是如意。

# 甚麼是興趣？

這世上有太多的人

其實並不了解

什麼是自己真正的「興趣」。

而深深地以為「喜好」的就是興趣

於是就把一生的性向

都指向了「喜好」的這個方向。

也有太多的人

把興趣與「事業」混攪在一起.

甚至以為「興趣」就必然是自己的「事業」。

生命不可以中斷

而「興趣」在一生中卻是不斷

「事業」與「興趣」之間並沒有必然的衝突

不要以「興趣」為說詞

把自己深深的綁住。

許多人以科學、經商或公務為「事業」

但他們卻同時可以擁有攝影、音樂、文學

甚至飛行等方面的「興趣」

興趣未必是天生的

反而是後天的影響居多.

不需要孤注一擲

懂得「事業」與「興趣」分開的人

反而更能海闊天空。

# 唯一的一天

如果
當你知道
今天就是你生命中最後的一天
也是你
生命中剩下唯一的一天
你想如何打發？
是讓悲傷填滿這一切？
還是大笑的回到孤獨？
其實啊
真的不要去「在意」這些
因為無論是在意或不在意
都是無可奈何的。
事實上
「生命」只要「喜歡」就好
別忘了
其實每天也都是你生命中
最後
也是「唯一」的一天。

千年之后·有白雲飄来·

縈繞G我曾經也風站

立於山頭·千年之后·我是

風·是雲·是雪·是神·再

次回到如今的山頭

云嵐 之

# 生命的寫真

以

沉靜落實的「心緒」

轉化為身心深處的「自性」

靜觀自得的參悟

心靈的視覺

可以

淨化所有的難求與難捨。

淺彩淡墨的「揮灑」

是形義上的「暢流」

而心

則是性靈的「歸宿」

用生命的超越去寫真

才會有

極盡揮灑的舞姿與形體

更重要的是

那份

生命中的自如與自在的痛快。

# 心的志向

天若「苦」我以困境
則
我當悅之以真情．
天若「勞」我以形體
則
我當「逸」之以性靈．
世事本自無常理
端看
我們的「心」如何自理與安適！
「心」
可以從容怡悅
這是
修持與宜性的起點．
也能夠
使我們自若而泰然．
如此則
會有平淡的喜悅與安慰
而
我們也才能夠進一步的
去感同天地
所恩賜的萬福並與之相依相融。

# 機器可以是人嗎？

從現在起

我們將超越現在這個時代

不是往前看，而是往後去思考，

前面的已經過去了，後面的即將到來。

沒有一個哲學家

是在探討人類的未來哲學的問題

但是，

為什麼不從我們現在這裡就開始呢？

那麼，我就提出的一個問題：

大家想一想

那就是「機器」可以是「人」嗎？

☆　　☆　　☆　　☆　　☆

這是什麼問題？

如果你拿這個問題去問小孩子

肯定小孩子會問你

你是不是有神經病？

機器是機器人，人是人。

機器跟人怎麼可以混為一談呢？

是的，這的確「是」一個問題

但也「不是」一個問題

這是在打啞謎嗎？

當然不是，不但不是

而且是非常嚴肅的一個問題

也是未來人類「一定」會面對到的問題

未免想得太遠了吧，也太小說情節化了吧

不！一點都不會！

相對的，

如果我們可以把「人」的定義，

定義得出來，那麼也許在科技上，

我們就有能力

一定可以做得出來跟人一般的機器，

唯一的例外

那就是它的能力

會超過現在的人類所有能力千萬倍以上。

不論望哪一方面來看。

我現在所說的這些，絕不是在寫小說，


它是千真萬確

會降臨我們人世間的一件天大的事情。

問題是

如果我們處理得不好，

那就很有可能

會導致我們全體人類也因而滅絕

您說這是不是大問題。

☆　　☆　　☆　　☆　　☆

如果您覺得這種事情離您太遠了，

不值得去思考這些問題，

也不需要浪費時間去想這個問題，

那可能你真的就是錯了。

世界頂尖人工智能（AI）專家，

都曾表示過人工智能

一定會對人類的生存的產生威脅。

我們人類與生俱來有兩個最大的缺陷

首先，

那就是我們人類的記憶能力很差、很差．

如果有誰

能夠說他的記憶力非常好的話．

我很願意

把今天的報紙拿給他

看他多久可以

把報紙上的每一個字都被被背誦得下來.

但這件事對機器人而言,

只要把報紙打開,

這也就是千萬分之 1 秒的事情

可以絲毫不漏的包含圖片在內

可以完全無誤的記下來

而且永遠都不會記錯或忘掉

就以這一點來說

人類可以跟他較量嗎?

☆　　☆　　☆　　☆　　☆

人類的 2 個最重大的缺點,

那就是我們的計算能力很差、很差……,

如果

有人敢站出來說他的計算能力很強,

那麼我只要告訴他

請他算一算 25 的 25 次方是多少?

這個答案至少需要他花 100 年的時間,

而且 99.9999999 % 會算錯。

但是就電腦而言，
在你輸入「執行」的同時，它就告訴你答案是：
8.88178419700125232338905334447266e+34
後面還有「34」位數太長了沒有表達出來
否則整張紙都是數目字
這就太難看了。
如果我再更進一步的問那位
0.1230.123= ？
我大概可以相信
一般人可能連概念都沒有。
正確的答案是：
0.7727843683305106664710661249347
但是，這個計算
對電腦而言，
在你輸入「執行」的同時它就告訴你結果了。
如果這兩項都不行
那麼請問你
你想還要跟它比什麼？
☆　☆　☆　☆　☆
也許你會說

我跟你比游泳

它就會沉到水底下去。

事實不然

機器人可能也會告訴你

它也可以是一艘快艇

那要比你游泳快得太多了.

更進一步的說

而我這個機器人在水底下工作

不需要浮出來呼吸空氣

你能跟我相比嗎？

最後

人類會說我們人類是有「感情」的

你們機器人則是「沒有感情」的

機器人也許會說：

請你告訴我，「感情」的定義是什麼？

你只要說得出定義來，我就會做得到。

看來人類真的只有傻眼的份了。

但事情也許還沒有那麼悲觀

至少到目前為止是如此，

原因是不論機器人有多麼的厲害，

最後這個「執行」的指令
是必須由人類下達才「能」有效，
也就是說
機器人不論在有多麼的厲害
它最後是要聽人類的「命令」才能去執行。
我剛剛說了，
到目前為止是如此，
但是並不保證未來還是如此。
☆　　☆　　☆　　☆　　☆
各位不妨想想看
如果有一天
電腦可以自由自在的思考、運算與執行
那麼請問
人類還剩下什麼？

# 具有「人權」的機器人

在上一節中

我說到：機器可以是人嗎？

也許有人會感覺到

這可能只是我個人的片面之詞

但事實真的是這個樣子嗎？

2017 年 10 月 27 日可能有許多人沒有註意到

一則相當惹人側目的新聞

是來自於沙烏地阿拉伯這個國家

對全世界的公告：

封號為索菲亞（Sophia）

又稱之為全球最美麗的機器人

今天（2017.10.27）

親自的出席了在沙烏地阿拉伯首都利雅德

所舉辦的「未來投資倡議高峰會」

（Future Investment Initiative summit）

並且在現場上百名與會來賓前

獲得了沙國的「公民權（citizenship）」。

索菲亞在台上說：

「我非常榮幸跟驕傲能成為全球第一個獲得
公民權的機器人這特別具有歷史意義。」

☆　　☆　　☆　　☆　　☆

看過這個公告後

各位就可以知道，我所擔憂的事情

其實已經正在發生了。

相信各位看到了這則新聞之後

心中一定有一大堆的疑慮與好奇

首先，

我們就會想到法律上的問題

這位全球首位擁有合法公民權的機器人索菲亞

它如果做了犯法的事情

該如何接受審判與制裁？

人類審判「機器人」這豈不是荒謬？

再說

索菲亞她可不可投票行使公民權利等？

破壞索菲亞算不算是殺人罪？

機器人的生產不需要懷胎十月

它可以做到「即時性」的生產

要多少就製造多少

當人類在所有的能力上

沒有一項可以跟得上智慧型機器人的時候

機器人統治地球的時代很快就會來臨。

這絕對不是故事，更不是神話。

事實上，各位想一想，即使是今天

不是機器跟不上人類

而是

人類跟不上機器人。

但是，你可能必須承認

它是一位完全沒有愛

完全沒有憐憫心的新「物種」。

☆　　☆　　☆　　☆　　☆

在極端的資本主義下

太過度的「擁有」與「集中」資本的時候

於是

人們就很可能想以金錢的力量來扮演「上帝」

「蘇菲亞（Sophia）」的這個案子

「它」也只是個擁有了合法公民權的機器人而已

但這一切卻只是一個開端。

但是，我想到的是：

「在戰火下被蹂躪的數百萬的難民們

他們無以為家，沒有衣食，沒有歸宿

他們也沒有合法公民權。」

著名物理學家霍金（Stephen Hawking）

在 2017 年 5 越 5 日警告世人說

人類可能在百年內滅絕。

相信有同樣看法的科學家不在少數

只是他們沒有說出來而已

如今看到了人類走到今天的這個樣子

我不僅要深深的問：

「人類是不是正在想要跨越『上帝』的門檻呢？

但如果真是如此，

則人類的滅絕是早晚與必然的結果。」

☆　　☆　　☆　　☆　　☆

一般人認為

機器當然是為人類而服務的

而機器也當然都是由人類所創造的．

機器它們沒有任何的智慧

全憑人類的操作

一部汽車也只是一部機器而已

沒有什麼智慧格可言。

但是，

近代的人類忽然的想到了，

如果我將電腦與機器結合在一起，

裡面那會有什麼結果呢？

當然，

我認為那將是沒有止境的

所謂：沒有止境的意思

正如字面上

是指它們未來將是不可限量的

也許

它們才是

真正的會逐漸的進入「神格」的物種。

☆　　☆　　☆　　☆　　☆

時至今日

它必然會在人類貪婪的基石上

以非常、非常快速的速度

在進化著自己．

而且更在人類對於戰爭的需求下

對於我們不一定需要親自去控制的事物

我們人類會賦予「機器人」一種新的任務
那就是它可以自我學習，而且可以自我「執行」。
各位
如果能夠真實了解這句話的意思
應該就可以知道
據有這樣「超智力電腦機器人」
它的一切將會是超越人類的。
其實
這種現像在目前已經發生了
各位看看現在的年輕人的這一代，
哪一個人可以離開的它的手機？
他可以一個月不見父母
卻不能一天沒有手機。
這才不過是一個小手機而已
跟「智慧型電腦機器人」比起來
那麼，您認為
將來統治地球的會是誰呢？

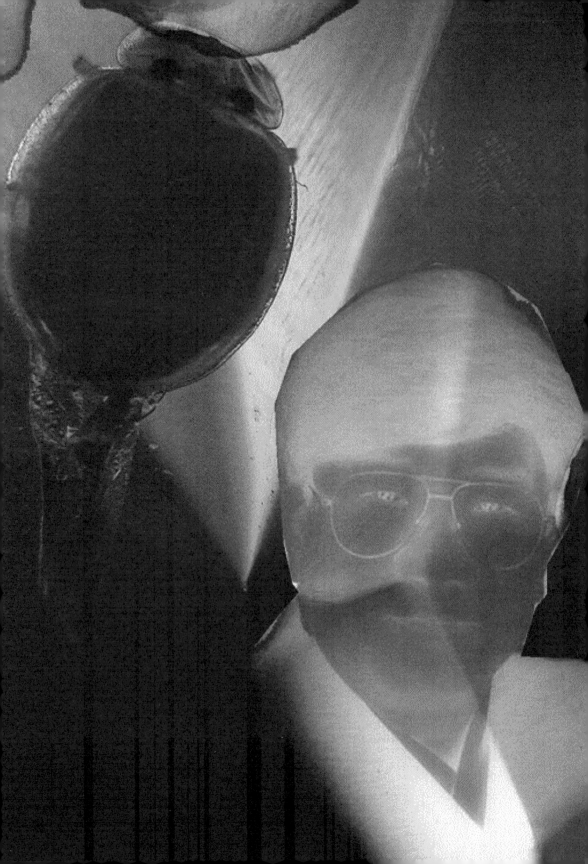

# 對生命的懷疑

一直到現在的今天

科學家們對生命並沒有「公認」定義

不同的領域都曾提出過各種定義。

有人說會移動的才叫生命

那麼流水與天上的浮雲都會流動啊.

那麼,他們是生命嗎?

有人說會生、老、病、死的才叫有「生命」

但是我要講

這世界上有一種生物

它們是永生的,永遠不會死亡,只有一種

那就是「細菌」

細菌是單細胞生物

每一個細菌都是他自己生出來的

「細」菌在地上地球上存在的四十二億年了

直到現在的今天

它還是它,它們超越了死亡。

地球上的生命系統都是「碳水化合物」構成的

這其中的「碳」原子是屬於四價的物質

但是，

在週期表上屬於四價的元素還有「矽(Si)」

這個「矽」也就是我們今天幾乎所有電腦鏡片

都在使用的元件，所以又稱之為「矽晶片」

有科學家曾想過

如果把「碳水化合物」中的「碳」元素

使用「矽」元素來代替

不知道這樣的生命系統會是一個什麼樣子？

地球上可以有「碳水化合物」的生物

但離開地球

在別的星球上就一定不能裸身存活。

想想看

使用「矽水化合物」又有何不可？

但是

而這樣的生命系統會是如何的一種系統呢？

我們的銀河系內有三千億顆太陽（恆星）

若是，再加上恆星外面所環繞的行星系統的話

那我們本身的銀河系

內就是有，「萬億」顆星球在運作。

然而

離開我們銀河系的外

則又有萬億個銀河系存在著

想想看

那些比恆河沙數還要多這些星球

怎麼可能只有地球上有生命系統呢？

我們完全無法猜測

系外星球的生命系統是如何構成的

但是在生命的哲學的問題上

也許，系外的生命

才是我們真正應該開始要去認真去思考與探討的。

# 超高智慧機器人的崛起與「超哲學」

各位如果對機器人還有疑慮的話

我們不妨看看前五年發生的事情。

2017 年初在圍棋網站上

出現身分不明的圍棋之超人棋士

這位超高棋藝人士透過網際網路與多位

中、日、韓的最頂尖高手對弈，而在短短的一周內

先後擊敗了這些所有的棋弈絕頂高手

創下了 60 完勝的紀錄。也就是，

在連續 60 場的比賽中，他大獲全勝。

世上怎麼可能有這種人？

這讓全世界的圍棋界為之震驚不已

大家都在找這位絕世高手究竟是何方神聖

是來自於仙界嗎？

最後才知道，這絕世高手叫「Master」

是一部電腦。當它自曝身分時，

人們才知道他就是 Google 旗下的人工智慧系統「AlphaGo」。

在棋藝中，不論是象棋、西洋棋等等，都還容易

而這其中最難也最需要用智慧的則是「圍棋了」

這個人工智慧系統「AlphaGo」都已經打敗了

人類一些第一群冠軍高手。那麼如果要問

這部電腦算不算有「智慧」呢？

各位您以為呢？

但是

這一些才是剛剛開始而已

要下好圍棋不但自小就要有長時間的學習

還要有很高的智商與高人指點

很顯然的，

地球上甚至沒有任何一個物種可以跟人類下棋

更不要說能贏過人類。

但是

這種想法與認知，如今已經徹底的被推翻了。

就在 2017 年 5 月（AlphaGo）

「它」又更進一步的連續的擊敗

全世界排名第一名的中國圍棋高手柯潔

他認為從此刻起，沒有人可以再是電腦圍棋的對手了」。

柯潔他真的說對了。

然而，就在同一年的 10 月更新版的

「AlphaGo-Zero」機器人出來了

人們刻意的讓它對上了「AlphaGo」

也就是人類開始讓這兩部電腦直接面對面的對戰

讓從沒有輸過的「AlphaGo」

與

更新版的「AlphaGo-Zero」

機器人進行直接的對戰 100 場

看看結果如何？

這肯定是精彩得不得了，

那麼各位可以猜猜看

而這兩部電腦對戰的結果到底會是如何的呢？

一般的預測是更新版的「（AlphaGo-Zero）」

會戰勝原有的冠軍（AlphaGo）比例約是 6:4

或是更好的 7:3。

但是，

實戰的結果則是（AlphaGo-Zero）連續的

以 100 場連勝打敗了

原有的世界冠軍（AlphaGo）。

人類認為（AlphaGo）它的人工智慧

是不可能被人類擊敗的

結果它卻被自己的升級版完全的摧毀。

（AlphaGo-Zero）它

同時也告訴全人類

它從來沒有「被」教導過圍棋，而是自學了三天，

它就可以勝過人類 3000 年。

那麼，我們進一步的想要問：

「這世界上還有什麼是機器人所辦不到的呢？」

心有多大，路就有多寬，對於一切事物的度量不在於尺寸的大小，而是我們的心

張鑫鑄

# 人類視野窄隘下的偏見哲學

我們的生命是屬於宇宙的

能夠進一步的了解宇宙

則對於「生命」也必然會有較為深入的領悟與感悟。

我們所認知的這個宇宙，是屬於「光」的宇宙

「光」是宇宙的一種極限，我常稱之為「神」

事實上，

它與「造物者」理論上應有某種程度的相連關係。

然而

人類的視野是偏見的。

光的本身是電磁波

人類肉眼可以見到「光」的

電磁波之波長範圍是

自 370 奈米（nm）的「紫色」光至 780 奈米（nm）的「紅色」

（註：1 奈米（nanometer $=10^{-9}$ M＝ 10 億分之一公尺）

人類的眼睛在自然中的視界

其實是非常、非常狹小的

自藍色的 370 奈米至紅色的 780 奈米這個範圍

這中間只有 410 奈米的寬度

在這波長寬度之外的「光」，是我們類完全看不到的。

這就是人類的視覺頻譜（Visible spectrum）

它實在是太小、太小，也太窄了

☆　　☆　　☆　　☆　　☆

事實上，我們肉眼所看到的世界並不是真實的。

我們是屬於「光」的宇宙

在光線之下所有的物體呈現的是無彩繽紛

但那卻實是真正的屬於「假象」

因為光是電磁波，

而電磁波是沒有顏色的

那麼

我們肉眼所見到的顏色是哪裡來的呢？

那是來自於你自己的「腦子」。

這正好印證了所謂的「色即是空」的道理

而肉眼所看「不到」的，不代表它們的不存在

所以說，

人類在這個宇宙中用肉眼所看到的宇宙

只是真實的宇宙中的一絕小點而已
而絕大部分的宇宙的真相實體
卻都不是我們肉眼所能看得到的。
這也正就是說：
「我們不要用人類的視界來看這個宇宙」。
我們肉眼的視界所看到的「頻譜」
也只是宇宙中的一個很小、很小的小部分而已
這同時也告訴我們
人類目前的「知覺」範圍
同樣的也只是宇宙中的極微小的一個部分而已。
正如同是我們所認知與堅持的一切
在真實的無際的宇宙中同樣的是微不足道的
而事實上，
整個大宇宙它真實的面目與真相，
卻遠遠未必就是如此。

把視野放在心靈上面
我們的視野絕不應該

僅僅被限制在那兩隻眼睛上面

其實，

看東西有另外一種非常重要的看法

那就是用「心靈」去看事與物。

用心靈去感受時間與空間及一切的事與物

那才是我們真正的生命。

光陰的流逝，使萬事與萬物都在快速的變遷中

我們的教育從一開始就錯了

他教我們從小到大都要劇烈的爭奪

事事都要爭奪第一名

事實上

爭奪的人生是沒有意義的

那麼有人會問？那成績不好怎麼辦？

事實上，我們可以平易、安心、喜樂的去讀書

不要去在意那個第幾名

能夠放下心來，平易而好好的讀書，這才是重點。

不必去為了爭奪而讀書，反而成績會更好。

爭奪的人生他們從來沒有為自己活過

對於時光流逝的感懷，古人留下了很多詩句。

清朝禮部尚書張英接到一封家書，

說鄰居佔了他家三尺地，他回了一封信：

「千里家書只為牆，再讓三尺又何妨，

萬里長城今猶在，不見當年秦始皇。」

「心靈」上的視野

不但能真正的使我們的眼界

開闊更使我們心胸開闊

而進入那宇宙自然的無邊無際。

請記住：

我們的心有多寬則視野就有多大。

宇宙的大小雖然是屬於「物理」的問題

但是，我們是「人」而不是「物」。

我深深地相信

宇宙並不全然是屬於純「物理」的

在純「物性」之外

人類必然還有一個最重要的「靈性」存在

而這個「靈性」

才是這一切真正的最關鍵的所在

否則，我們與「它物」何異？連「你」的存在都會出了問題。

國家圖書館出版品預行編目資料

生命的哲學／張之嵐著.
－－第一版－－臺北市：宇河文化 出版；
紅螞蟻圖書發行，2023.10
面 ； 公分－－(Discover；55)
ISBN 978-986-456-329-6（平裝）

1.CST:修身 2. CST:人生哲學 3. CST:生活指導

192.1　　　　　　　　　　　112014963

Discover 55

# 生命的哲學

作　　者／張之嵐
發 行 人／賴秀珍
總 編 輯／何南輝
美術構成／沙海潛行
封面設計／引子設計
出　　版／宇河文化出版有限公司
發　　行／紅螞蟻圖書有限公司
地　　址／台北市內湖區舊宗路二段121巷19號(紅螞蟻資訊大樓)
網　　站／www.e-redant.com
郵撥帳號／1604621-1　紅螞蟻圖書有限公司
電　　話／(02)2795-3656（代表號）
傳　　真／(02)2795-4100
登 記 證／局版北市業字第1446號
法律顧問／許晏賓律師
印 刷 廠／卡樂彩色製版印刷有限公司
出版日期／2023年10月　第一版第一刷

定價 360 元　港幣 120 元

ISBN 978-986-456-329-6　　　　　　Printed in Taiwan